帝王传记

武则天

一代女皇

吴江 著

| 深谙权谋
| 女主临朝

传

哈尔滨出版社
HARBIN PUBLISHING HOUSE

图书在版编目(CIP)数据

一代女皇:武则天传/吴江著. -- 哈尔滨:哈尔滨出版社,2025.2. -- ISBN 978-7-5484-8143-0

Ⅰ.K827=421

中国国家版本馆 CIP 数据核字第 20244BD220 号

| 书　　名：一代女皇:武则天传
　　　　　　YIDAI NÜ HUANG:WUZETIAN ZHUAN

作　　者：吴 江 著
责任编辑：李维娜
封面设计：于 芳
内文排版：博越创想

出版发行：哈尔滨出版社（Harbin Publishing House）
社　　址：哈尔滨市香坊区泰山路 82-9 号　　邮编：150090
经　　销：全国新华书店
印　　刷：三河市刚利印务有限公司
网　　址：www.hrbcbs.com
E-mail：hrbcbs@yeah.net
编辑版权热线：（0451）87900271　87900272
销售热线：（0451）87900202　87900203

开　　本：710mm×1000mm　1/16　印张：15　字数：180 千字
版　　次：2025 年 2 月第 1 版
印　　次：2025 年 2 月第 1 次印刷
书　　号：ISBN 978-7-5484-8143-0
定　　价：45.00 元

凡购本社图书发现印装错误，请与本社印制部联系调换。
服务热线：（0451）87900279

前言 PREFACE

武则天是中国历史上的一个传奇，可谓前无古人后无来者。她的美貌、智慧、狡诈、狠毒、领导艺术、卓越的洞见力等，都为后人津津乐道，千百年来争议不休。

她，空前绝后，在男尊女卑的社会中，端坐统治集团的最高位置，雄视八方，号令天下，无论是战功赫赫的武将，还是满腹经纶的文臣，都俯首于她的皇冠之下；她，政治生涯历时半个世纪，发展了唐太宗贞观之治的局面，奠定了唐玄宗开元盛世的基础。大唐帝国因为有了她才更加繁荣昌盛，大唐臣民因为有了她而更加自豪：国家富强统一，社会繁荣安定，人民安居乐业，生产持续发展。

武则天自幼聪慧敏俐、胆识超人，十三四岁时，已是博览群书、博闻强记。她还是个美人，孩提时代，相面先生就惊叹于她的龙睛凤颈、方额广颐，初长成人之后，透出一种娇媚典雅、沉稳机智的魅力。

贞观十一年（公元637年），14岁的武则天被唐太宗召入宫中，受封"才人"。

贞观二十三年（公元649年），太宗驾崩，武则天被发送长安感业寺削发为尼。唐高宗李治即位后，因早与武则天暗通款曲，重召其入宫，晋封为"昭仪"，进号宸妃。永徽六年（公元655年），武则天的皇后加冕典礼隆重举行，场面赛过皇帝的登基。

武则天登上皇后宝座后，利用皇后的身份，皇上的宠爱，积极参与朝政,"百司奏事,时时令后决之"。由于皇后处理政务果断而有章法,甚为群臣敬服。高宗虽厌其独行独断,许多国家大事又不能不倚重她。这样,就使武后逐渐从幕后走向前台,竟与高宗一起接受群臣朝拜。上元元年(公元674年),高宗号天皇,皇后号天后,天下人谓之"二圣"。

从上元元年开始,武则天以"天后"之尊开始执政,至天授元年(公元690年)正式称帝的十六年中,她废立傀儡皇帝,镇压徐敬业叛乱、处死宰相裴炎,鼓励天下官民上京告密,重用酷吏,铲除李氏宗室,为自己改朝换代做好了准备。

天授元年(公元690年),一道圣旨颁下,自即日起唐室废却,新朝名曰周,武后改称圣神皇帝。改朝换代的大业终于完成。

她深谙用人之道,称帝后,更重视人才的选拔和使用。为了广揽人才,她发展和完善了隋以来的科举制度,放手招贤,允许自举为官、试官,并设立员外官。此外,她还首创了殿试和武举制度,为更多更广地发现人才和搜罗人才创造了有利的条件。

晚年的武则天,在帝国继承人问题上费尽心思。最终她认清大势,还是选择了向李唐回归的政策,把太子的位置给了李显。神龙元年(公元705年)正月,张柬之等人发动政变,逼武则天退位,迎中宗复位。神龙元年(公元705年)十一月,武则天在豪华的寝宫离世,享年82岁。

1300年来,武则天是历史,也是传奇,她的历史功过,犹如那块"无字碑",任由后人评说。

目录

第一章 皇后之路 001

第一节 才女入宫 002

第二节 如意娘 009

第三节 妩媚惑主 013

第四节 血腥宫廷 017

第五节 废王立武 025

第二章 走向天后 031

第一节 整肃外朝 032

第二节 母仪天下 040

第三节 姓氏录 046

第四节 迁都 052

第五节 息兵富民 058

第六节 二圣临朝 065

第七节 天后专权 076

第三章 变局 083

第一节 天皇之死 084

第二节 临朝称制 089

第三节 废帝杀子 101

第四章 斗争 111

第一节 徐敬业反 112

第二节 裴炎之狱 116

第三节 打击宗室 123

第四节 武氏家族 129

第五章　则天皇帝　137

第一节　女皇　138

第二节　神道设教　149

第三节　用人有术　158

第四节　控权　170

第五节　酷吏　179

第六章　还李归唐　191

第一节　谁是天子儿　192

第二节　李武并贵　200

第三节　面首惹祸　212

第四节　女皇末路　220

第一章 皇后之路

第一节　才女入宫

贞观十一年（公元637年），唐太宗听说武士彠的女儿武则天很漂亮，就诏令入宫，封为"才人"。

按照唐初后宫的制度，有"四夫人""九嫔""二十七世妇""八十一御女"的编制，也就是说，除了皇后之外，还另有121位妾侍。"四夫人"是：贵妃、德妃、淑妃、贤妃。"九嫔"是：昭仪、昭容、昭媛、修仪、修容、修媛、充仪、充容、充媛。"二十七世妇"是婕妤、美人、才人各9人。"八十一御女"是宝林、御女、采女各27人。另外还有上千个没有名号的宫女。编制严谨只能依次升补，不能巧立名目，随意更改。武则天被封为"才人"，算起来在皇帝的121位妾侍中排名第三十几位。以武则天的美貌和其父亲勋臣的地位，才人的地位并不算高。或许最初武则天并不太在意，想着日子还长，说不准哪天也能得到皇帝的宠爱，地位就能扶摇直上，但日子一天天过去，武则天的信心一点点被消磨掉了。

在武则天以前，长期的民族融合，形成了一种新的社会风尚。北朝以来，社会上活跃着一批明识远图、雄健勇武的杰出女性。当时评判美女的标准更重健美而不是纤弱，更重青春热情而不是文静冷漠。武则天是当时公认的美人，她亭亭玉立，身材健硕，脸方，下鄂秀美，双目明媚，两鬓微宽，妩媚清秀。她自信在宫中会争得自己的一席之地，但预想和现实差得太远。

武则天家族南北朝时居住在今山西文水一带。武则天的祖上虽历代官宦，但并不显赫，武家命运的改变，是在她的父亲武士彟的时候。武士彟做木材生意起家，致富之后，颇好交结，在隋末动乱之时，认识了在山西带兵的李渊。虽然武士彟没有参与李渊的密谋起兵之事，但由于与李渊有些老关系，并在起兵后作为军需官进入长安，在唐朝建立后，被封为14名"元从功臣"之一。就这样，武氏家族成为长安城里的新贵。

武士彟的前妻相里氏生下了武元庆、武元爽二子，相里氏在武士彟40岁出头时去世。唐高祖李渊出面为他续弦，撮合他与当时望族联姻。于是，隋朝宰相杨达的老姑娘便成了他的新妻。史学大师陈寅恪认为，武士彟本是一商贩，以投机致富，其非高门是明显的，一生事迹最可注意的一点，即娶杨氏女为继妻一事。

武则天的母亲是隋观王杨雄的侄女，杨雄虽非隋皇室直系，但威望甚重。武士彟在隋朝只是一富商，并没有和观王杨雄家联姻的资格。他娶杨氏是在隋亡以后，他以新朝显贵的身份娶旧朝宗室，借此提高其社会地位，这也是当时的风气。陈寅恪认为，史书记载唐太宗听说武则天美丽而诏令入宫。武则天的美丽固不待讲，但是从唐太宗重视杨氏家族的心理推断，恐怕和荣国夫人是杨雄的侄女有关系。

武则天成长的时代，正是中国社会从门阀社会走向一般地主官僚社会的时代，门阀观念在社会上还有极大的影响。从武则天的母亲家看，她的身上有着高门大族的高贵血统，但从父系的门第看，却是被人不齿的富商出身，在传统的门阀观念中，不被列入高门士族之列。在这样复杂的家族里，矛盾和纷争自然是很激烈的。

武氏家族的内部矛盾，并非一般的嫡、庶矛盾，而是穿插了士族与庶族之间的地位之争。

武士彟与杨氏结婚之时45岁，杨氏43岁，武士彟是为了抬高自己的门户地位。而武士彠的前妻相里氏和弟弟武士让的长子武怀亮之妻善氏，均娶于武氏家族发迹之前，出身根本不能和高门杨氏相比。从这两方面来看，杨氏嫁入武家之后，带来了相当的优越感。在武氏家族的其他人看来，这种优越感是无法被容忍的。杨氏的弱点是没有生儿子，于是武士让的儿子武惟良等就此事对杨氏进行攻击。矛盾便因之而起。

武则天的幼年就是在这样一个士、庶矛盾激烈的新士族家庭中度过的，她的血管里流着贵族和商人的混合血液，既对权力有强烈的欲望，又有果敢倔强的报复心理和斗争性格，为达到目的不择手段。

在武士彠活着的时候，家族的矛盾还能克制，武则天童年的记忆更多的是欢乐。后来武士彠去世了，幼嫩的子女便失去了庇护的大树。武则天姊妹中，大者尚未出嫁，小者还童稚，父亲一死，武元庆、武元爽还可以功臣之后的名义托荫授官，但对女儿们来讲，何处是归宿呢？而且，武士彠一死，家族的矛盾激化了。武氏的子侄们对杨氏隐忍多年，此时终于爆发，他们对这位高门之后并不尊礼。这是武则天受到的第一个生活教育。她以后的道路将怎样走呢？对于一般的弱女子，可能在堂兄弟的盛焰下忍气吞声，等到嫁出武家以逃避这种难捱的日子。但武则天不能，杨氏贵族的血统，北朝以来女子刚强有为、不甘寂寞的时代风气感染着她，她不甘心碌碌无为地过一生，她要掌握自己的命运。这样，她就不得不为自己将要走的路进行谋划，通向她自己认定的光明大道。这条路的初始也许看起来坎坷艰难，甚至危机重重，但她心中有理想，甘愿为此冒险。她需要的是一个机会，跳出这个是非之家，在更广阔的天地施展自己的才华。

这个机会在武则天14岁的时候来了。贞观十一年（公元637年），唐太宗诏令武则天入宫。内侍省得旨，即派使者到武家去宣召。杨氏听了，说不出话来。太监一走，杨氏终于忍不住大哭起来。按当时的惯例，被选入宫中为妃嫔，对官宦之家来讲是件荣耀的事，父母兄弟有可能晋位封官，跟着富贵起来。但是，如果只能做低层妃嫔，则家族沾不上多大光。宫门一入深似海，要小心侍奉皇上、后妃，反不及当官家小姐、太太那样自在。杨氏作为前朝的皇亲，对宫中的宫女生活情形了解颇深，因此不喜反忧。看着母亲涕泪横流，武则天却道："见天子庸知非福，何儿女悲乎！"入宫伴君，虽然有可能是一种灾难，但她有避祸趋福逢凶化吉的信心。于是，她怀着这种心理，来到了皇宫。14岁对一个女子来说还是个小姑娘，也许对权力还谈不上强烈的追求和谋划，但复杂的环境和突如其来的打击使她早早地成熟了，她义无反顾地踏入了新生活的大门。

宫廷的生活并不像武则天想象得那么容易，她的地位一直没有提升。贞观十一年被召入宫，至贞观二十三年太宗去世，长达12个年头，武则天仍然停留在才人这个位置上。她没有为太宗生下一儿半女，可见太宗对她的冷淡。这是为什么呢？她不是出名的美人吗？

与另一才人——徐才人相比较，就可以看出问题。据《新唐书·徐贤妃传》记载：太宗贤妃徐氏，湖州长城人，4岁通《论语》。太宗听说后，召她为才人，入宫后太宗对她更加礼遇。徐妃文才敏捷，据说曾为某妃代撰诗文，挥笔立成，辞采华丽，连皇上也知道她的文才。因此在岁祭活动中，由她来导引帝妃。不久她升为充容，充容是九嫔之一，正二品，高才人三品。武则天直到高宗时，从感业寺返宫，大幸之际，才升为昭仪，成为九嫔之一。

徐妃是什么时候进宫的，史无明文。但徐妃死于永徽元年（公元650年），时24岁，武才人时26岁，武长徐两岁。贞观十一年（公元

637年），武则天入宫之际，徐妃才12岁，所以徐入宫之年，想必在武才人之后。徐在太宗宫中的时间，也比武短。但徐受到太宗的礼遇，而武却受不到这种礼遇。

太宗为什么推许徐氏而冷落武则天？恐怕是由于武则天所流露出的一种凶悍之气。史文所载她对待烈马的态度，便证明了这点。武则天头脑清晰、治事有方，在宫中专管太宗皇帝的衣库，自然非常干练称职。从武则天的作为上，太宗皇帝已经看出来，女人如此，确属可怕。

太宗皇帝并不喜爱英明果断的女人，他喜爱的女人要温柔，要和顺，要绰约多姿、娇媚娱人，却不必练达能干。所以武则天身为皇帝近侍，入皇宫十几年，仍然居才人之位。从14岁至26岁，身边只有一个不爱她、比她大26岁的唐太宗，她只得在拘束限制之下过日子，局促若辕下之驹。就此而论她的确是失败的。

武则天雄心万丈，却大才难展，百事拂意，但她是不会认命的。她头脑非常冷静，抑郁不达之情，决不形诸于色。她把满腹的情欲深藏起来，但平时还是一如既往地尽她的职责，小心侍奉皇上，干练尽责，一丝不苟。她对宴请朝廷命妇的各种礼节相当熟练，决不会出错。宴乐的组织也天衣无缝，她撰写的歌词古朴典雅，仿效《诗经》，配合宫廷乐曲，演唱起来酣畅淋漓。宫里的各种祭祀活动，她也了如指掌。但她的兴趣还是"听政"，对处理朝政的关注，已经成为她的一种癖好。在"听政"当中，武则天虽不能身体力行，但同样得到了磨炼。渐渐地，朝廷上例行的公事，她似乎很懂，对周围的情形，也很了解。

令武则天在政治上加速成熟的是唐太宗晚年几次立废太子的事件。在这些复杂险恶的宫廷政治斗争中，武则天更明确了要为自己谋划未来的目标。

　　长孙皇后给太宗生了三个儿子，即李承乾、李泰、李治。长孙皇后死后，太宗对三个儿子都很疼爱。但储君只有一个，按封建礼法，立嫡立长，这是避免宫廷之争、国家得以稳定安宁的皇位继承法。太宗自己虽以次子而有天下，但对这种礼法还是遵守的，何况太子承乾起初还令他满意，李泰已封魏王，李治已封晋王，职分已明。但随着时间的变化，一场立嗣之争终还是没能避免。

　　晋王李治与太宗的性格相去甚远，他生性仁慈懦弱。三子中太宗还是对太子和魏王李泰较为偏爱。争夺储位就是发生在这两个儿子之间。

　　太子承乾少时聪慧敏捷，受到太宗的喜爱，被着力培养。在为高祖守孝的日子里，他让太子处理一些一般性的政务，自己在后掌舵，以锻炼太子处理朝政的能力。此后太宗每有外出，就令太子监国。但承乾年龄大了，却越来越堕落，喜好声色游猎。在太宗面前一套，背着太宗又是一套。每在朝堂之上，说的都是忠孝仁义，言之谆谆，退到东宫就不务正业。教导和辅佐太子的大臣孔颖达、于志宁、张玄素都是一代硕儒，他们对太子屡有劝谏。太子当面恭敬悔过，以博贤名，背后却派人暗算他们。太子的这些行径传到了太宗耳朵里，太宗对他大失所望。

　　魏王李泰是一个既有心计，又有文采的人。他想通过立贤德之名来博父皇之宠，以离间的手段谋太子之位。因此他礼尊下士，对太宗也恭敬孝顺。太宗对李泰的言行有好感，特地在魏王府设置文学馆，让他与有才学的人交往。每月给他的花销比给太子的还多，还让他居住武德殿，以示恩宠。

　　李承乾虽知李泰心怀叵测，却仍不争气，做出种种无赖行径。他让家奴近百人学突厥语，穿突厥人服装，跳突厥舞，学突厥人的样子分设帐篷，盗取民间马牛羊，烹煮大吃大喝。一次，他假装突厥可汗死去，让部下围着他跳舞，然后突然一跃而起，吓唬他们，连他身边的人都说他是个疯子。一次他对周围的人说："我当天子后要随心所欲地行事，谁敢劝谏，我就杀死他，杀他个五百人，谁还敢劝谏呢？"他的种种表现显示他根本没有能力做太宗的后继者。魏王李泰进一步将驸马都尉柴令武、房遗爱等收至门下，让他们网罗心腹，结交朝中大臣，加快了逼储的步伐。李承乾得知更害怕了，派人暗杀魏王不成，就派人假称魏王门客到玄武门上书，假造魏王种种罪行。太宗派人追查，结果却是子虚乌有。

数计不成，太子的一腔怒火竟撒向父皇，网罗一帮对太宗有怨言的人，如太宗庶弟汉王李元昌、大将侯君集等，喝血酒盟誓，谋夺兵权。

贞观十七年（公元643年），太宗的第五个儿子齐王李祐谋反。太子听说后，开玩笑地说："齐王也想反吗？怎么不和我连谋呢？我宫西墙到大内不过二十步远，随时就可至，比齐王近便多了。"谁知他的部下有人参与了齐王造反，被捕后就把太子谋反的事抖了出来。太宗派长孙无忌、房玄龄等几位大臣会同刑部核查，查出太子确有谋反言行。太宗大怒，把太子李承乾贬为庶人，杀汉王李元昌、侯君集等同党。

太子倒了，该立谁呢？在太宗心中，李泰个性和才干都与自己接近，按长幼次序，也应该是立李泰。但是，朝中就太子人选的意见却分为两派。一派是以宰相刘洎为代表的山东庶族地主，岑文本为代表的南方庶族地主，他们主张立李泰为太子；另一派是以长孙无忌为代表的关陇集团，他们支持立李治为太子。李泰处事很有魄力，注重手段，当权后有可能打击关陇集团。李治处事却太过仁弱，可能导致大权旁落。

经过激烈的思想斗争，太宗最终决定立晋王李治为太子。他携李治至两仪殿，派人召来长孙无忌、房玄龄、李勣、褚遂良四位心腹大臣，说起立嗣事。长孙无忌劝太宗道："立储事大，陛下想立谁，不妨早作定夺，免得拖下去坏事。"太宗说："我已想立晋王李治，恐众臣不拥戴。"无忌忙说："臣奉诏，谁若不同意，臣请求杀掉他。"太宗乃对李治说："你舅父拥护你当太子，你应当拜谢他。"

鹬蚌相争，渔翁得利，最没有可能做皇帝的李治，当上了太子。

第二节　如意娘

看朱成碧思纷纷，憔悴支离为忆君。
不信比来长下泪，开箱验取石榴裙。

这是《全唐诗》中的《如意娘》，作者就是武则天。这首诗是武则天到感业寺后，回想起曾经与太子情缘时的相思诗。太宗死后，所有没有子女的嫔妃都出居感业寺，落发为尼。刚到寺中，武则天也像许多女人一样，处在柔弱的等待之中，漫漫长夜里，她将自己相思的柔情蜜意写成了悱恻动人的诗章。

在唐太宗废立太子的种种事件中，武则天深深体会到宫廷斗争的残酷和复杂。帝王之家的生活是如此凶险，父子反目，兄弟争斗。从旁观后宫、前庭的斗争中，武则天感到自己的弱小和谋划的重要。如果任由自己失宠的形势发展下去，纵然能安度此生，结果也不过是无痛无爱，老死宫中。甚至在皇上千秋万岁之后，她连留居宫中的权利都没有，而是到皇家尼姑庵削发为尼。

武则天这时不再是天真无邪的少女，而是一位成熟的、城府很深的女人了，她看出太宗并不喜欢她。她不能得宠于太宗，只有另谋出路——太子才是她的真命天子，唯一的希望，因为老皇帝驾崩之后，太子就会登基称帝，嗣承大统。

武则天打定了主意，自然就刻意注意起这位新立的太子来。太子身材魁梧似太宗，面色却苍白，毫无太宗那种威风凛凛的帝王气象。他怯懦软弱，在太宗面前忠诚恭顺，服服帖帖，像一头恭顺的羔羊。从年龄上看才刚成人。太子于是成了她的目标，她通过仔细观察和多方打听，把太子打听得清清楚楚：太子比自己小4岁，任性，多愁善感，喜爱美女，一见美色就神魂颠倒。

太宗生病，武则天找到了与太子接近的机会。太宗最后的岁月病得很厉害，太子李治常在侧侍候，而侍女们就肩负起侍候两主的职责。太子李治是一个耐不住寂寞的人，在太子宫里，有太子妃王氏及宫婢，迁到父皇寝宫陪驾后，他不免孤单寂寞。

太子寂寞无聊之际，发现在侍女中有一个美人犹如鹤立鸡群：她发髻高挽，两鬓宽展，前额宽丽透亮，下颌微微前展，既高贵美丽又透着机敏。体态亭亭玉立，洋溢着一种青春的朝气。她就是刻意打扮的武则天。太子被武则天的美貌所吸引，更爱慕武则天身上散发的健硕、机敏的气息。太子心猿意马，不能自持。

李治在父王驾前要端庄矜持，不可失礼，但求情之心，却越发难制。情欲的力量是伟大的，总会找到机会的。在走廊之下，在前堂之中，在花园之内，遥远的一瞥，会心的一笑，都足以让太子心旌摇动。太宗皇帝驾崩前两个月，染病在床，两人开始了幽会。

做了12年才人的武则天不甘心沉沦，她要向上爬。作为一个女人，一个绝色的女人，她选择了冒极大风险却又是获取权力的捷径——和太子偷情。隋文帝在弥留之际，曾发生了杨广调戏陈夫人的丑剧；唐太宗在大渐之时，又发生了李治与武才人偷情的故事。事隔43年，彼此何其相似！所不同的，上次的主动者是酒色狂徒杨广太子，而这一次的主动者却是雄心勃勃的武才人。

　　"秽乱春宫"是武才人选择新靠山的政治伏笔。但这仅仅是个伏笔，权力的攫取远非想象的那样简单。不久，随着隆重的登基大典，太子继位，成为高宗，他对那段激情岁月有些淡忘了。但武则天不能忘，为了能吸引高宗的注意力，她一手导演了感业寺事件。

　　按照唐高宗新政权的规定：所有太宗生前没有子女的嫔御，都必须出居感业寺，落发为尼，武才人也不例外。在权力交接过程中有许多事情需要处理，新皇帝只能把和武则天之间的感情暂时搁置一边。在高宗刚继位的日子里，他没有和武则天沉迷在一起。武则天强烈地感到了自己进入感业寺后的危机。在感业寺的一年时间里，是她前途莫测的危险时期。如果不能走出去，她将成为一朵无名的野花，在寺院的某个角落枯萎而死。她必须从这儿走出去，重新走进新皇帝的生活中。

　　刚到寺中，武则天强烈地思念与高宗在一起时的日子。时间长了，她更加感叹寺院生活的孤苦寂寞，感怀光阴虚度，青春不再。世间荣华富贵的诱惑，丧失地位的悲哀，权欲之火的烤炙，这些感受比情欲的压抑和爱情生活的中止更折磨人，更令她悲痛绝望。

　　武则天决不会屈从于这种泪染石榴裙的孤寂生活，她最向往也最能施展才能的地方就是宫廷。她手中最有力的一张牌就是她跟新皇帝的男女相悦的关系。她要用好这张牌，关键的问题是如何才能与李治取得某种联系。这种联系，不能委托任何中间人，只能依靠她自己。联系的地点，只能在感业寺。武则天知道，这个时机就是太宗的忌日。

高宗平时不可能到感业寺来，但忌日肯定会来，所以她必须抓住这个难得的时机。事件发生时的情景是：武则天对着高宗流下了眼泪，高宗也感动得哭了。她用自己的眼泪，引出了皇帝的眼泪。武才人的眼泪，是一种经过反复算计后高度理智化的眼泪。感业寺事件便是一场精心设计的政治行动。这一对哭，使两人之间的感情再次拉近，安排她离开感业寺只是时间早晚的问题了。而让武则天离开感业寺的时间远比高宗的想象来得快，在这一件事上，他的皇后王氏起到了关键的作用。

高宗与武则天在感业寺互诉衷肠的事情发生之后，很快就被另外一个权威人物注意到了，这个权威人物便是王皇后。王皇后出自关陇贵族家庭，是太宗为高宗安排的政治婚姻。太宗临死时，曾拉着李治和王氏的手对顾命大臣褚遂良说："朕佳儿佳妇，今以付卿。"高宗即位后，王皇后的地位受到了仅次于皇后的萧淑妃的逼压。萧淑妃生得美貌多姿，而又机敏多智，能言善辩，日渐得宠，王皇后则受到了皇帝的冷落。萧妃给皇帝生有一子，就是雍王李素节（后来武则天摄政，封为许王），还有义阳和宣城两位公主。王皇后的长子陈王李忠是太子，但是是后宫刘氏所生，她自己没有亲生的儿子。萧淑妃貌美又阴狠，善于施展阴谋诡计，王皇后的地位摇摇欲坠。宫廷内王、萧两大势力之间的矛盾还和外廷各派政治力量之间的矛盾交织在一起。高宗的舅父、顾命大臣中最强势的长孙无忌以及褚遂良等外廷大臣与宫廷内的王皇后关系密切，他们都属于关陇集团，王皇后的地位势必会影响外廷关陇集团的利益。

王皇后不甘心在与萧妃相争中落下风，于是想引入武氏，以毒攻毒。女人的本性若受到了刺激，她是不管体面不体面的。于是，她做出决定，秘密地让武则天蓄起了头发，准备将她迎入宫来，以破坏萧淑妃与皇帝的亲密关系。

这样一个措施，自后人看来，是开门揖盗，引虎自卫。但王皇后及其亲密的顾问们当时是看不出来的。在她们看来，这个被迎回宫的只是一个处境不幸的人，她对她们只能有感激之情，而不可能是一个忘恩负义者。武则天抓住了这样一个能改变命运的小而又小的机会，终于向权力中心迈出了一大步。武则天在谋取权利的过程中有一个计划表，先走哪步后走哪步，在计划表中都有所勾勒；哪个人是可以存留的，哪个人是必须除掉的，她也有定数。有的人可能会成为她攫取权力道路上的绊脚石，那他就必须被清理。哪些人可以利用，什么时候是真正的时机，她都把它们谋划得天衣无缝。

武则天从第一次入宫到二次入宫，比起后来谋权的步伐也许只能算是一小步，但开始的一步是最难迈的，足足花了她十几年的时间。她在谋划这个目标的过程中，立下志向，不为困难所动。同时，又隐忍情感，头脑冷静，见到机会就大胆出击。

武则天终于又一次进入内宫，成为高宗的如意娘。

第三节　妖媚惑主

在骆宾王的讨武檄文中有一句是"狐媚偏能惑主"，是说武则天以妖媚之气迷惑了高宗。其实，他只看到了一个方面。武则天抓住高宗的心，不单是靠外貌，更主要的是培养起高宗对她在心灵上的依赖。

武则天被私运入宫，得力于王皇后的极力帮助，入宫后隐藏在皇后宫里，头发长了起来。二人共同谋划，对付萧淑妃。这对其他女人来说，也许是不耻而为的事，但是武则天所企图者大，她毫不犹豫，立刻就行动起来。

武则天很快得到了高宗的喜欢。她讨好皇帝，用的是一种特殊的手段。为了让高宗感到她是个温柔体贴的人，她甚至把自己的姐姐韩国夫人和韩国夫人的女儿贺兰氏介绍给高宗。

永徽四年（公元653年）时，武则天已30岁，韩国夫人32岁，韩国夫人的绝色女儿，后来被封为魏国夫人，此时可能是十五六岁。韩国夫人母女是武则天亲自带入宫的。王、萧的弱点之一是争风吃醋，使高宗心烦，她们没有使皇帝感到"能奉己"，而武则天则成功地培养了他这种感觉。在永徽夺宫过程中，武则天如愿以偿地被立为皇后，而韩国夫人母女之功决不在外朝支持武则天的大臣李勣和许敬宗之下！

进宫后十年间，武则天总共为高宗生了4男2女，占高宗12个子女中的一半。自从武则天进宫后，其他嫔妃就再也没有生育过，武则天后宫专宠的情形由此可见。武则天得宠后，并没有立即大展手脚获取权力。她深知自己处境并不稳固，急需站稳脚跟。就在这时，永徽三年（公元652年），王皇后的儿子李忠被立为太子。在上书请求立李忠为太子的人中，除王皇后的舅父中书令柳奭外，还有太尉长孙无忌、尚书左仆射于志宁、右仆射褚遂良、侍中韩瑗，他们是三省长官外加顾命元老。其后，几乎所有的当朝宰相（李勣除外）都站在长孙无忌一边，担任了李忠的东宫官，以维护王皇后和太子李忠的地位。这是唐太宗为高宗安排的顾命班子的一次集体亮相。

这件事情让武则天看到了对手的强大，她清楚自己的实力还不足以与皇后抗衡，她并无任何不满的表示。她采取了讨好王皇后，讨好皇帝的做法。史书说："武则天不惜言辞卑下降低身份去侍候皇后，王皇后很高兴，多次在皇帝面前替她说好话，她才得以进为昭仪。"可见，武则天不是仅靠其色相，还因她善于隐忍，图谋长远。

高宗是武则天手中的王牌，武则天自会用好它。而要抓住高宗的心，让他对自己言听计从，则必须利用自己的优势。

皇上迷恋她，喜欢听她说话，喜欢她充满活力的身体。皇上对她在感情上有一种依赖，这不仅仅是房事方面的，否则决不会因她而冷落萧淑妃和王皇后，她们的美貌，甚至胜过她。也不是她"狐媚"，因为她并没有刻意迎合皇上，故作娇痴。对这个比她小4岁的皇帝，她撒不起娇来。她对皇上，既像对爱人，又像对弟弟一样关心抚慰，不厌其烦地听他讲朝政上的事，还鼓励他要果断、有主见，对大臣们没有必要那么恭顺，高宗有了说心里话的地方。也许正如有的史学家分析的那样，太子李治和才人之间的感情基础，是柔弱的李治有着严重的恋母情结，是武则天能够给他长姊式的关怀。武则天对他不是一般女人的娇情和小鸟依人般地依靠，他从她那里得到的是一种带有母爱意味的柔情、鼓励和安慰，让他有一种少有的自信和力量。这一点，才是高宗深爱武则天而疏远恭顺贤德的王皇后和恃宠撒娇的萧淑妃的原因。高宗越来越觉得武昭仪不但是个好妃子，还是他的好帮手，对朝政的种种分析很有道理。高宗越来越离不开她了，他对武则天言听计从，宠眷不衰。

抓住了皇帝的心，只成功了一半，她要与皇后斗，就不得不与皇后背后的一大群大臣们斗。要与他们斗，武则天的视野就不应只在后宫，而要在朝中。对手很强大，但越是貌似强大的敌人，其外在的敌人也越多，其内部的矛盾也越尖锐。武则天渐渐发现了可以为自己所用的切入点，那就是在朝中居统治地位的关陇贵族，他们处处以辅政大臣自居，想自由摆布年轻的皇帝，高宗对他们已经有了不满情绪。而且，他们还维护既得权势，排除异己，无论是其他老派贵族还是新兴的庶族官僚对他们都表示出强烈的不满，只是这些力量还没有被整合起来。武则天就是要利用敌人的敌人，让他们充当关陇贵族的掘墓人。

　　唐太宗死后，长孙无忌在朝廷中一手遮天，他是唐初关陇贵族集团的核心人物。早在唐太宗临终之前，朝廷之中关陇贵族集团占据主导地位的格局已经出现。唐太宗临终时，将长孙无忌和褚遂良召入卧内，托以后事。新即位的高宗以长孙无忌为太尉，兼检校中书令，执尚书、门下二省事，决策、行政、监督、军事的大权归于他一人之手，总揽朝政的色彩十分明显。一般地主出身的李勣虽然也在宰相班子中，表面看来，基本上保持了各派政治力量的平衡。但是，长孙无忌极力排斥一般地主出身的大臣，扩大关陇贵族的权势。长孙无忌与褚遂良相互配合，从永徽元年（公元650年）六月到永徽三年（公元652年）九月，先后把宇文节、柳奭、韩瑗、来济等关陇贵族官僚提拔为宰相，并迫使李勣辞去了尚书左仆射的职务，让他做一个挂名的宰相。

　　随着张行成、高季辅先后去世，一般地主在朝廷中的力量受到很大程度的削弱。经过一系列的清洗，朝中几乎没有可以和他抗衡的政敌了。武德、贞观年间的元勋大都已经故去，子弟中功名稍高者也被清除。只有李勣一人，还在独撑一片天，静观时变。

　　永徽四年（公元653年），唐朝廷发生了房遗爱秘密谋反事件。高宗令长孙无忌查办此案。长孙无忌借此刀杀人。陷入冤狱者中，首当其冲的就是吴王李恪（太宗第三子，母亲为隋炀帝女儿杨氏）。在贞观十七年废前太子承乾之后，李恪一度被太宗考虑为太子的候选人，遭到长孙无忌的坚决反对。长孙无忌拥立高宗即位后，对名望很高但与自己结下怨隙的李恪放心不下，借此案把他牵连进去。这种心思被牵涉谋反的房遗爱觉察到，为了将功补过免于一死，房遗爱故意将李恪卷入此案中，长孙无忌也就将李恪处死了。李恪在临死时大骂长孙无忌窃弄威权，陷害忠良，如果宗社有灵，不久将被族灭！同被陷害的还有江夏王李道宗，他是太宗庶弟，素与长孙无忌、褚遂良不睦，在这次事件中被有意牵连进去，流放象州后，病死贬所。

　　武则天从这一事件中看出，长孙无忌貌似忠诚厚道，实为残忍徇私。这更坚定了她力劝高宗任用亲信、树立人主威仪的信念。她常对朝政大事进行剖析，让高宗从中看出一些真相，给他出一些主意。从此，武则天也开始了自己的政治生涯。

　　美貌和妩媚为武则天带来了皇帝的宠爱，而机智和聪明则把皇帝的心长期地留在了她的身边。她不仅是高宗的爱妃，而且也成了他的得力助手。

第四节　　血腥宫廷

　　永徽五年（公元654年），武昭仪生下了一个女儿。王皇后闻讯，常来探视。一天，王皇后把孩子抱在怀里抚弄了一会儿，又放回床上，使女回禀王皇后来的时候，武则天故意离开了。王皇后一走，武则天就进来把孩子掐死，用被子盖上。她知道高宗下朝以后一定会来看孩子。高宗果然来了，武则天兴高采烈地谈说着孩子是多么可爱。当使女把孩子抱出来时，武则天过去接。她一看大惊，孩子不睁眼，不动，不呼吸。孩子死了，武则天惶恐万分，装出悲痛欲绝的样子。她号啕大哭,就问:"早晨还好好的,怎么回事?"那个被武则天训练有素的使女说:"我们还以为她在静静地躺着睡呢!"武则天并没有哭得神志昏迷,擦干了眼泪问:"我不在屋的时候,有什么人进来了吗?""刚才只有皇后来过,也只有皇后逗弄了婴儿。"于是,在武则天的诱导和大群婢仆的佐证之下,皇帝认定:王皇后是扼杀婴儿的凶手。这就是大唐历史上有名的"扼婴事件"。

谋权侧重于谋划、策略,有"阴谋",也有"阳谋",二者不可偏废。武则天作为女人,自然有阴柔的一面,搞起阴谋来驾轻就熟。但她还有刚狠威武的一面,又有全局眼光和超强的驾驭能力,在对付李唐宗室的过程中,她施展阳谋炉火纯青。

武则天初入宫,为掩人耳目,仅纳入后宫,并没正式成为嫔妃。但通途已经铺就,没有什么可以阻拦她的了。不久她就被立为昭仪,成为后宫上升态势最明显的妃子。王皇后、萧淑妃失宠,转而把武则天视为她们的共同敌人。于是,宫内三角为之一变,王、萧这一对宿敌联合起来,共同对付武则天。但皇帝对王、萧二人对武则天的诋毁不理睬。

武则天有身孕后,王皇后的地位更加岌岌可危。在王皇后舅父、中书令柳奭等人的安排下,永徽三年(公元652年)七月,高宗的长子陈王李忠被立为太子。李忠时年10岁。由于李忠的母亲地位低贱,不构成对王氏及其背后势力的威胁,立李忠抢先占有太子地位,可以防止武则天和萧淑妃将来与自己分庭抗礼。

王皇后在立太子以后,心中稍稍安定。于是,她想缓和一下同武昭仪的关系,以此来获得高宗的好感,稳固她取得的成果。所以她一改往日冷冰冰的态度,主动去看望武昭仪,嘘寒问暖。武则天是何等的聪明之人,她知道这种表面上的和好只会对皇后有利,她也知道,高宗虽然不喜欢王皇后，但并没有废立之意。毕竟，皇后的废立在整个国家的政治生活中是地震级的大事。要让心肠很软的高宗废去王皇后，是非常困难的，必须采用计策使高宗对王皇后厌恶恼恨，激起皇帝废宫之念。如果高宗这一关都过不了，何谈过朝中大臣那一关呢？

武则天想要当皇后，关键的问题在于皇帝的态度。皇帝的态度虽不是问题的全部，却是首要的一着。武则天总能在纷乱复杂的头绪中抓住最关键问题，走最捷径的路。不过以武则天当时的力量，虽然在内宫渐成势力，但在外朝还没有助力，这种情况下只有施以阴谋。她制造了扼婴事件。

扼婴事件发生后，王皇后矢口否认。但是，不承认又有什么用呢？只有她来看过孩子，没有别人啊。高宗本来就不是很喜欢王皇后，现在对她更厌恶了。他认为皇后嫉妒武氏，正如以前嫉妒萧淑妃一样。王皇后做出这种事来，不足以为嫔妃的楷模，不足以母仪天下！废宫之念，愤然而起。

武则天精心策划的这一幕令人叫绝之处在于：以局外人看来，王皇后确有杀婴的动机、可能和旁证，而没有人敢去想婴儿是被武则天自己掐死的，因为母亲杀死亲生女儿，这太有违人伦了。废后这件极大的政治举措就这样迈出了重要的一大步，也是武则天迈向权力宝座的一大步，代价却是一个幼小的生命！

阴谋并未到此为止，因为王皇后的背后有着雄厚的政治势力，远非一招半式就能解决问题。王皇后出身于关陇大贵族家庭，是王思政的后代，王思政是宇文泰创建北周政权时的重要将领，有重大功勋，地位仅次于宇文泰政权中的支撑骨干——"八大柱国"。当时在永徽政坛上唱主角的人物都站在王皇后一边，长孙无忌、褚遂良都支持她，她的舅舅柳奭担任中书令。后宫与朝廷是联系在一起的，在权力交接过程中太宗为高宗安排的辅佐班子，也是以王氏居于后宫主导地位为基础的。

到永徽六年（公元655年）六月，后宫又发生了一件大事。王皇后的精神状态低落恍惚，居然同她母亲魏国夫人柳氏，听信了巫蛊之术，想借巫术摆脱眼前的霉运。在宫廷中暗搞巫术是大忌，偏偏王皇后又不谨慎，把把柄送到了武则天手中。武则天向高宗告了密，并把此事和高宗的头痛病联系在一起。高宗亲自带着人去王皇后宫里搜查，在皇后床底下，掘出来一个小木头人，上面刻着皇上的姓名，生辰八字，有一根针扎进小木头人的心。王皇后此时惊惶失措，哑口无言。于是跪在地上，力说自己确不知情。她猜想那个小木头人一定是别人栽赃，偷偷藏在她床下的，可是一切证据都对她不利。此事更加坚定了高宗废后的决心——皇后的恶毒已经超出了嫉妒的范畴，到了不可饶恕的地步了。

此前，王皇后之舅、宰相之一的柳奭面对着外甥女在宫中的困顿局面，一时也想不出解决的办法。柳奭感觉到了高宗对自己的冷淡，他内心不安，便在永徽五年（公元654年）六月提出辞去相位。高宗丝毫不加挽留，罢去他的宰相之职，任命其为吏部尚书。这件事的后面可以隐约看到武则天的影子。

柳奭被罢相，是对长孙无忌势力的一次公开挑战。此后不久，高宗就召集五品以上大臣训话："卿在先帝左右，见五品以上论事，或仗下面陈，或退上封事，终日不绝。岂今日独无事邪，何公等皆不言也？"高宗即位五六年以来，一直没有人当面或上书论事，顾命集团专擅朝政可见一斑。

扼婴事件上演后，武昭仪已经取得了重大的胜利，她得到了皇帝的支持。通过皇帝，她把废立问题正式向外廷提出了。现在，对立的双方越来越明显了。王皇后背后的支持力量——外朝的元老重臣才是武则天真正的敌人。永徽政治的格局，是以李治为皇帝，长孙无忌为监护人的格局。赢得了皇帝的支持，仅仅是完成了事情的一半，事情的另一半是赢得监护人的支持。但是，要取得长孙无忌以及另一位顾命大臣褚遂良的支持，谈何容易？他们都是政坛老手，单靠扼杀女婴这件事很难蒙混过关。最重要的，长孙无忌家族和皇后的王氏家族都是关陇集团中的高门大族，他们之间有着千丝万缕的联系和休戚与共的政治利益。他们会坐视王皇后倒台吗？此时的长孙无忌是外廷的领袖，以武则天的实力还不足以与之对抗。在敌强我弱的情况下，武则天换了一种手段去讨好长孙无忌。

一天黄昏，高宗携武则天乘着便辇来到太尉长孙无忌府第，还派人押来十车金银珠宝、绫罗绸缎。长孙无忌骤闻高宗与武则天来到，急忙恭迎，并备下美味佳肴招待。彼此闲谈畅饮，欢快和谐。酒过数巡，武则天问及长孙无忌嗣子，无忌即命诸子出见。长子长孙冲已任职秘书监，唯宠姬所生三个庶子年龄尚幼，均未列官。武则天即请于高宗说："元舅为国元勋，理应全家受荫，愿陛下推恩加赐，遍及舅门。"高宗会意，即面授无忌三位庶子散朝大夫的散官衔。长孙无忌想推却，不蒙允准，乃令三子拜谢。高宗又赏赐各样礼物，长孙无忌也收下了。此时高宗才旁敲侧击地说："皇后无子，又无后德，怎么办呢？"长孙无忌明白来意，但他装作不懂其意，顾左右而言他，不作正面回答。高宗看出舅父不赞成废立皇后，他很不高兴，君臣谈话不欢而散。

武昭仪还是不死心，她又派母亲杨氏来找长孙无忌说情，但都没有成功。表面看，武则天的忍让似乎没起到作用，而且丢了面子。但实际上，她有一个最大的收获，那就是她摸清了对手的态度——长孙无忌不会助她，而是必须扳倒的死敌。还有什么比摸清对手的态度更重要呢？武则天做事总是直抓根本，不走弯路，不犹豫迟疑。既然你不为我所用，我就必定要绕开你，寻找我的势力。

长孙无忌在处理这件事情上的态度，有的人认为大体上是正确的。但也有的人认为：高宗和武则天又是赏爵又是恩赐，意图已经昭然若揭，长孙无忌要想正君主之心，辞而不受就行了。在唐朝初年的玄武门之变前夕，李建成派人送一车金银给太宗集团中的骨干尉迟敬德，尉迟敬德辞而不受。难道长孙无忌的水平不如尉迟敬德吗？他为什么采取这种态度呢？

长孙无忌虽不赞同武则天的意见，但还接受高宗和武则天的礼物，究其原因，有两种可能。一是长孙无忌贪心；二是他低估了武昭仪的能力，以为现在和将来，他都能控制局势，皇帝将会长期尊重他，所以收下礼品之类，算不得什么大事。但是，长孙无忌错了。武则天的势力一开始很小，但事物是发展的，武则天手里有一张王牌——高宗，只要打好这张牌，不怕自己的势力坐不大。所以，长孙无忌太轻敌了，也太没有原则了。有的肉吞下去不吐骨头没关系，但有的却要被卡住。武则天不是任人吞噬的羔羊，而是一头母狮，只是这时利爪还没完全暴露出来。

对于谋权的一方来说，往往处在弱势的地位，所以要学会忍耐，在忍耐中寻找机会。武则天忍辱负重性格的形成，主要是由后天环境的铸造，逆境并不能将她压倒。当她处在困境中时，也会低下高昂的头，或媚众，或隐忍，或拉拢，以女人独有的方式化解危机。

武则天能在与王皇后的较量中取得胜利，得益于她的信息情报网。扳倒王皇后的重要一幕——扼婴事件，就是宫中的婢仆起了重要的作用。而多年之后，高宗想废掉武皇后时，又是这张网及时把情报告诉了武则天，使她得以及时赶到，消弭了一场灭顶之灾。

武则天再度入宫后，很快凭借自身的实力和正确的策略站稳了脚跟，高宗对她的宠爱也与日俱增。她超额完成了王皇后交给她的任务——不但分了萧淑妃的宠，简直三千宠爱在一身。"新人笑倚龙床戏，旧人哭堕凤头钗"，此时的武则天不但是萧淑妃的眼中钉，而且也变成了王皇后的肉中刺。现在后宫争夺中轮到王皇后掉转头与萧淑妃联合起来，向武则天进行无情的攻击与诋毁。

武则天明白，后宫并不大，在双方明争暗斗的过程中，要取得有利的态势，必须对王皇后和萧淑妃的一举一动了如指掌。"知彼知己"，自然是"百战不殆"。在后宫，谁是这张信息情报网的结点呢？

在后宫这个舞台上，武则天饱经沧桑，她深深懂得地位低下的婢仆在斗争中所起到的作用。宫廷生活里最重要的一方面，也是愚人所忽略的一面，不是皇帝，也不是皇后，而是那些仆人、使女、厨役等。武则天深知，若没有仆婢夹杂在内，宫廷之中就不会闹出什么阴谋来的。武则天自己曾是宫人，体谅宫人们的痛苦，所以并不滥施威风。虽然当了主子，但她机敏圆滑，对婢仆们又和顺大方，尽量表现出较低的姿态，也偶尔以目示意，警告他们抗命不恭的危险，因此颇得仆婢们的爱戴，获得了广泛的支持。

婢仆在宫廷斗争中所起的作用，有时能左右整个局面。据《资治通鉴》记载：北齐皇帝高欢某次要杀世子高澄，因为侍婢告发说，高澄与高欢的某爱妾通奸，另有两女婢证明。这时，高澄处境十分危险。后来有人替高澄解脱，解脱方法是将两个作证的女婢收买过去，叫她们改口证明高澄世子没有乱伦行为，那个告发的侍婢，出于不良动机，诬陷世子。高澄这才转危为安，保住了性命与世子的地位。这个故事说明：婢仆地位虽低，但在某些关键时刻，却具有扭转事态进程的力量。而且，婢仆们常被人威胁利诱去做伪证。

亲身经历过家族内部激烈矛盾的武则天，自然认识到婢仆的作用。而她的对手王皇后，恰巧是个对婢仆作用认识不足的人。王皇后性格持重，端方有礼，却固执拘泥，时时不忘自己的地位，不体谅仆人，也不屑于俯就他们，讨他们的欢心。王皇后的母亲对仆婢也是粗鲁暴躁，仆婢极其厌恨她。采取这种态度的还有皇后的舅舅柳奭。王皇后、柳奭等的弱点，为武则天收买婢仆创造了极为有利的条件。她充分利用与奴婢的感情，为自己的政治势力服务。

武则天行事果断，她既已发动，就不会犹犹豫豫。她在宫女身上下起了功夫。只要得到皇上的赏赐，她就把礼物统统转赏给她们，特别讨她喜欢的，武则天赏赐也越丰厚。尤其是受到皇后、柳奭薄待的宦官、女史，她更是用心笼络，赏赐更丰，毫不吝惜。宫女们无不敬重、同情和效忠武昭仪了，有什么心里话都愿同她说，各宫中发生的事也愿告诉她。用这么一个小小的手段，武昭仪就轻轻松松地成了宫中最受拥戴、消息也最灵通的人，对王皇后、萧淑妃的一切事情也都清清楚楚，对全宫的情形也都明白。实际上，皇宫只不过一里宽二里长的一块地方，这么大的一块地方她若不能控制，她就别做千古最伟大的女皇了。就这样，武则天在后宫中织就了一张严密的信息网。无论是在和王、萧争位的过程中，还是在后来从高宗手里攫取权力的过程中，这张网再加上她在外廷织就的信息网，共同为她效力，起到了难以估量的作用。在武则天诬陷王皇后扼杀自己女儿的阴谋中，她作为总导演，最大限度地调动后宫信息网扮演了重要角色。而武则天政治生涯中最危险的一刻——麟德元年（公元664年）在她41岁时，高宗决心废掉她皇后的资格，诏书都已经起草了，又是后宫的信息网起了关键的作用。

宫廷是个弱肉强食的地方，武则天为了谋得权位，在宫廷中运用各种手段。在她的操纵下，宫廷中掀起一次次血雨腥风，整个宫廷处在"山雨欲来风满楼"的动荡之中。

第五节　废王立武

柳奭被罢相后的第二年，也就是永徽六年（公元655年），武则天开始向皇后宝座发起进攻。

在长孙无忌专权局面下受压制的一批失意文人许敬宗、李义府、崔义玄、王德俭、袁公瑜、侯善业等人，如同冬眠的动物感受到了早春的气息，蠢蠢欲动。他们结成了一个反对长孙无忌的集团，而给他们撑腰的正是高宗和武则天。

九月，高宗召集御前会议，被召集的四大臣是长孙无忌、褚遂良、李勣、于志宁。于志宁也是关陇集团中的人物。而武昭仪的拥立者许敬宗、李义府之流，还没有与会的资格。从这一点看，当时的形势于武昭仪不利。四大臣中，属于非关陇派的是李勣。在事情的初起阶段，李勣的态度和长孙无忌等是一致的，四人都不赞同废立。李勣一向老谋深算，形势不明决不轻易表露态度。初次交锋，高宗径直提出了废立的问题，双方一场论争不欢而散。

对于支持与反对武则天立为皇后的两派，近代历史学家陈寅恪认为，对立的派别代表了不同地区的贵族利益集团。按照陈寅恪的理论，李唐家族从6世纪初期兴起之时便与集中于西北地区——陕西和甘肃的许多大家族（即所谓"关陇集团"）建立婚姻纽带，这些家族自西魏以来已在北方成为统治阶级的核心。"关陇集团"内部复杂的婚姻关系已组成了一个忠于皇室的关系网,当高宗试图废掉这个贵族集团成员之一的王皇后,取而代之的是该集团以外的武则天时,这个关系网就显露出来了。陈寅恪认为:废立皇后一事不只是宫闱内的后妃之争,实际上是政治社会上关陇集团与山东集团决胜负的一大关键。高宗将立武则天为皇后时,参与决策的四大臣中,长孙无忌、于志宁、褚遂良三人属于关陇集团,属反对派。至于韩瑗、来济、上官仪等作为反对派,也是属于关陇集团,看一看这些人的出身籍贯即可证明。李勣一人则属山东地域的代表,是赞成派。崔义玄、许敬宗、李义府等虽然赞成立武则天为皇后,但他们的威望不能和李勣相比,武氏得立,关键在于李勣的态度。

第二天,高宗又召开了同样的会议,李勣称疾不来。当皇帝再次提出废立问题的时候,褚遂良仍以前言对。高宗不听,褚遂良即跪奏道:"陛下就是想改易皇后,亦当择选令族。武昭仪昔事先帝,大众共知,今若复立为后,岂不贻讥后世?臣今忤陛下意,罪当万死。"在褚遂良点出武氏与唐太宗的关系后,高宗面露愧色,陷入了沉默。这个时候,褚遂良不应该做出任何刺激高宗的事情,但他却将上朝用的朝笏放在殿阶上,以退职相威胁,说:"今将朝笏敬还陛下。"说着,解下头巾,在地下叩头出声,以示强烈抗旨之意,头上的血都叩出来了。高宗见他如此态度,大怒,命左右牵出褚遂良。武则天则从幕帷后大声说:"为什么不扑杀了这老贼!"

褚遂良等人的行为尽管不理智,但还是起了作用的,虽然皇帝怒气冲冲,但他不能不慎重考虑,这是因为褚遂良的顾命大臣地位。在历代帝王统治中,如果前朝老臣同仇敌忾,坚守防线,新皇帝也不敢轻易孤注一掷。何况高宗是个弱势皇帝,在与臣下的权力拉锯战中没有取得绝对胜利的把握。如果不是后来李勣插了一手的话,高宗几乎要放弃立武昭仪为皇后的打算了。

在和褚遂良发生冲突的第二天，皇帝召见了李勣。这也许是武则天的要求，李勣称疾不来，便意味着他的观点可能与长孙无忌等不同，武则天敏感地抓住了这转瞬即逝的信号。召见李勣时，李勣是和皇帝单独进行谈话的，另外三人都不在场。高宗对李勣说："册立武昭仪为后的事，遂良固执不从。遂良既是顾命大臣，事若不可，也只有罢手了。"李勣对曰："此是陛下家事，何必更问外人？"由于李勣这句话，武昭仪得以立为皇后，永徽政治的格局便走向崩溃。李勣的一句话有如此大的影响力吗？陈寅恪认为：李勣对高宗之言，旧史认为是依违之言，但实际上是积极地赞成。当时无人不知高宗欲立武则天为后，但此事不能不取决于四大臣，李勣不施用否决权，而采取弃权的方略，这和积极赞成有什么两样？李勣在当时是军事力量的代表，高宗既得此助，自可不顾舅舅长孙无忌等关陇集团的反对，悍然行事。李勣不附和关陇集团，是因为武氏和他同属山东系统，自可不必反对。

从政治上讲，一个新的武则天时代已经来临了！自汉代以来，贵族干预国家政权，外戚长期影响政局的局面结束了。武则天的得立，使得身兼外戚、贞观首席功臣和高宗首席顾命大臣的长孙无忌丧失了在废立大事上的发言权。从此以后，除了极少数特别时期外，外戚作为一支政治势力，已基本退出了历史舞台，即使有时出现女主干政，也不见有外戚的身影。武则天通往权力顶峰的历史，实际上就是门阀士族彻底衰落的历史。

武则天登上皇后的位置，取得了阶段性的重大胜利。她没急于再扩大战果，而是先把皇后的位置坐稳。此时以长孙无忌为首的关陇旧贵族已经惊醒过来，他们正明里暗里地进行反攻。

武则天当上皇后后对长孙无忌没有丧失警惕。她知道，关陇集团只是小败一场，这些政治斗争才能极高、经验丰富的老臣肯定还会积蓄力量反扑。他们会变换策略，以图重新控制皇上，影响朝政。现在，自己虽然做了皇后，但没有损害他们的权力基础，长孙无忌还在，其他人仍执掌着朝廷中的主要部门。要刷新政治，必须拔除关陇集团，但现在还不是时候。她刚刚即位，必须树立一个贤德的国母形象，让臣民习惯她、拥戴她。过早动手，会让人认为她是为易后之事报仇，对自己的形象不利。再则，除掉反对派，必须要做到有理有据，让天下人心服口服，不让臣民说皇上和她滥杀旧臣的坏话。

显庆元年（公元656年）二月，高宗下旨追赠武后父武士彟为司徒，赐爵周国公，后母杨氏也晋封代国夫人。武则天这样做的目的是为了抬高武氏家族的地位。唐代的皇后必须出自门阀名家。而且，借这一次封赠，武则天也在向外朝表示：皇后的势力已蔚成大国，独树一帜了。十一月，独承高宗之宠爱的武后又生了第三位皇子，取名为李显。为示庆贺，各京官和朝集使都加了勋级，李显很快又被封为周王，武则天事事遂意，踌躇满志。

武则天在对长孙无忌一派动手之前与他们有两次角逐：第一次是对废后王氏与废妃萧氏的镇压。第二次是立自己的儿子李弘为太子。这两步是巩固权力的重要步骤。

失势的废后王氏与废妃萧氏，被囚禁在一所冷僻的院落里。永徽六年（公元655年）十一月的一天，武后回家省亲，高宗一个人闲荡到后宫，颇觉内心含愧，就乘机去看王、萧二人。院门深锁，门旁有一个小窟窿，供仆婢往里送饭之用。宫中嫔妃失宠之后往往是贬入冷宫，大多时候是在拘押之下，实则就是监禁。高宗从小窟窿往里叫："皇后，淑妃，你们在哪？"过了一会儿，他听见慢吞吞拖着走的脚步声和有气无力、凄凄惨惨的语声:"妾等已经失宠,囚入别院,不想皇上还叫妾等的尊称……求皇上顾念当年,把妾放出去吧!让我们重见日月就好了。我们要终生念佛,把这个地方改叫回心院。"

高宗非常哀痛:"不要难过,我一定想办法。"

武则天在宫中处处有眼线,随时把皇帝的所作所为禀告给她。武则天回宫之后,立即有人禀报她高宗往探冷宫,他还怀念那两个女人!武则天没等皇帝提及,直接问道:"皇帝去看过那两个女犯,是否属实?"怯懦的皇帝赶紧否认。武则天说:"那么,没去很好。"

几天过去了,王皇后、萧淑妃没有等到皇帝的回音。一天,来了一个敕使,带着一群刀斧手。敕使向两个女人宣读了诏书,她们这才知道,末日来临了。

王皇后临死也没有失掉那份贵族式的清高和自尊,她临终的话是:"武昭仪得宠,妾只有死的份了!"萧淑妃则破口大骂:"阿武妖精,害我到这种地步,愿我再生为猫,阿武为鼠,永远咬她的喉咙。"刀斧手斩断她们的手足,把剩下的躯体投入酒坛之中,让她们"骨醉"。她们随即慢慢地死去。

武后害死王氏、萧氏,是她巩固皇后地位的一个重要步骤。由于皇帝仍然称呼王氏为皇后,萧氏为淑妃,而且王、萧要求"重见日月",欲将冷宫改名为"回心院",皇帝如果回心,将置武氏于何地?因此,武则天惨杀王、萧二人,就巩固她个人地位而言,是一种必然采取的手段。但对这一次杀人,她却还是有点心悸的,据说她时常在宫中做噩梦,梦见她们血淋淋的样子,还见到过她们的鬼魂。武后对萧氏临终的咒骂有些害怕,曾下令禁止宫中养猫。这说明武则天既有为巩固地位凶残的一面,又有一个常人、一个女人弱小的一面。只是随着后来她的政治权术逐渐练达,才把杀人视为政治斗争中不可缺少的手段。

武则天还有一件心事，就是改立太子，这是巩固后位、排除关陇集团威胁的另一个关键的行动。武则天已有二子，长子李弘，封为代王，次子李贤，封为潞王。永徽三年，陈王李忠被立为皇太子。而现在，皇后武则天已有了两个儿子，按皇位继承法，应改立嫡子，这名正言顺，谁也反对不了。不过必须有人提出来，然后经过一定的程序，才能更易。这一任务落在对武则天忠心耿耿的许敬宗身上。许敬宗（公元592年—672年），字延族，杭州新城县（今浙江省杭州市富阳区）人。隋大业中举秀才，后参加李密起义军，任记室。唐初为秦王府学士，贞观中累迁至检校中书侍郎。高宗即位，任礼部尚书。

许敬宗上疏说：现在皇后生有嫡子，日月都出来了，再举火把取光没有必要。怎么反而以枝干代根本，把衣裤倒穿呢？父子之间的事，别人不好说，但愿皇上把嫡庶关系处理好，大家也就安心了。

高宗知道了他的意思，就把许敬宗召到密室，问许敬宗如何是好。许敬宗说道："皇太子是国家的本根，本根不正，就不能拴住全国百姓的心。而现在东宫太子的母亲出身低微，她知道皇上已有了嫡子，也不会安心的。应该及时把皇上的嫡子正式立为太子，把原太子安置好。这样，也可使他们安心。"皇上说："李忠已经要求辞去太子的位置了，朕就降封他为梁王，立武后的长子李弘为太子吧！"

至此，武则天的后位终于稳固下来，可以松口气了。

第二章 走向天后

第一节　整肃外朝

"射人先射马，擒贼先擒王。"在两军交战的时候，这是常用的技巧。在权力斗争的舞台上，武则天上演的是"擒贼先断翼"的一幕。在对敌人的首脑——长孙无忌动手之前，武则天破坏了宰相韩瑗把褚遂良重新召回京城的企图，识破了吏部尚书唐临保护关陇士族重臣来济、打击武后派中坚李义府的计谋。

显庆元年（公元656年）底，武则天已着手按预定的计划进行人事调整。长孙无忌的亲戚一个个被外放，离开了朝廷。先是太常卿、驸马都尉高履行被任命为益州大都督府长史，接着工部尚书长孙祥被任命为荆州大都督府长史。这种人事变动在表面上看是很正常的内外迁转，但这两个人一个是长孙无忌的表兄弟，一个是他的堂兄弟，这种调动的目的是斩断长孙无忌在朝中的羽翼。

永徽六年（公元655年），褚遂良外贬为潭州都督。此时使关陇集团遭受重创，他们始终不忘将褚遂良重新拉回政治舞台的中心。虽然看不到长孙无忌有什么实际行动，但挽救褚遂良的计划却已展开。韩瑗在这件事上做了先锋。在褚遂良被贬一年多之后，韩瑗认为到了为褚遂良说话的时候了。他细心缮成一本，上朝奏称：朝廷贬谪贤良之臣，向为政风败坏之征。遂良殚毕生之力事先王，清廉耿直，不言则已，言必公忠体国，先帝引为知己，视同兄弟。是以临终选择，以受遗诏。他接着又从历史上引证实例。他说：国家之衰亡，政治之腐败，皆因为疏远贤直忠谏之臣。他结论称：遂良虽有忤君之罪，然已受一年之苦。陛下其怜而赦之乎？

他奏完之后，皇帝也承认褚遂良的出发点是好的，问题在于他的态度激烈，对皇帝大不敬，所以才贬谪他。韩瑗情绪激动地回奏说：如今臣深惧小人之势长，君子之道消矣。韩瑗一时失口，竟引用不得体的古语，《诗经》上说："赫赫宗周，褒姒灭之。"臣不愿见唐室之衰亡也。他引用这个典故太不机敏了，这是公开侮辱武后，将她比作使周朝亡国的褒姒。高宗怒吼说："你下去吧！"朝议之时，武后不声不响，不过她的缄默更令人害怕。她在筹备反击。

韩瑗回家之后，修本辞官，但是皇帝不准。在废王立武的问题上，高宗早已铁了心，谁想在这个问题上做文章，用不着武则天多言，自然都没有好下场。韩瑗即使以辞去宰相相威胁，高宗也没动摇。他就是不主动提出辞呈，在相位上也待不了多久了。

显庆二年（公元657年）三月，高宗在洛阳下达了命令：褚遂良由潭州都督再贬为桂州都督，与京师的距离越来越远。不久，又有一道命令：皇后派的李义府被提升为中书令。八月，李义府与皇后的另一党羽，侍中许敬宗，联合上奏门下侍中韩瑗、中书令来济与褚遂良密谋不轨。他们在奏折中指出，桂州是用武之地，韩瑗图谋不轨，安排褚遂良为桂州都督是为了做外援。尽管没人会相信这随意编造的罪状，但高宗还是下发了四项贬黜敕令：韩瑗贬为振州刺史，来济贬为台州刺史，终身不许入朝；褚遂良再贬为爱州（今越南清化）刺史，荣州刺史柳奭再贬为象州刺史。褚遂良到达爱州后，曾上疏皇帝，想调回京师，但皇帝并没有答应他的请求。第二年，褚遂良死于爱州刺史任上，终年63岁。长孙无忌的左膀右臂被贬黜到极南的蛮荒之地，势力渐渐单薄了。

随着长孙无忌势力的削弱，武则天的心腹逐渐进入宰相集团。其中，李义府在外朝更是恃宠用事。李义府升任中书令后，与另一中书令杜正伦发生冲突。杜正伦是唐太宗时期的中书侍郎。他当时"出入两宫，参典机密"，而李义府直到高宗时才上升到中书舍人的职位。两个中书令，一个以老资格自处，一个则倚仗皇后撑腰，明争暗斗，各不相让。显庆三年（公元658年）十一月，两人被贬，李义府被贬为普州刺史，杜正伦被贬为横州刺史。

李义府被贬，对于关陇集团来说是一个极好的报复机会。当时担任吏部尚书的唐临，企图以荐举两巡察使的方法，继续斗争。唐临也是关陇集团的一分子，其祖先随宇文泰入关，祖父唐瑾北周时官至内史。显庆三年，唐临利用手中权力，保奏许祎为江南道巡察使，张伦为剑南道巡察使。唐临的用意是这样的：许祎是来济的好朋友，来济贬谪地点在台州，属江南巡察使的察视范围，让许祎担任江南道巡察使，就可以达到保护来济的目的。而张伦与李义府是冤家，李义府贬谪地在普州，属剑南巡察使的察视范围，以张伦为剑南道巡察使，就可以达到打击李义府的目的。早已建立起严密情报系统的武则天很快获悉此计，她知道李义府虽不堪任用，但他是朝中拥武的支柱之一。所以李义府虽流放在外，武则天还是保护他。她对高宗说："唐临这个人利用权力私自选人授官，朝中议论纷纷，不撤换此人，有损朝廷威信。"高宗便以"遣所私督其过"的罪名罢了唐临的官，唐临不久死于潮州刺史任上。

反观长孙无忌的态度，武则天进寸，他就退尺。李义府猖狂得势，长孙无忌没有抑制他的言行，武则天立嫡子为太子，他也没争。如此退守，将来更大的事就更难争了。经过反复的斗争，至显庆四年初，亲武后势力在朝中形成，关陇集团土崩瓦解，只剩下太尉长孙无忌这一个孤家寡人了。扳倒长孙无忌，最大的阻力恰恰是武则天的夫君高宗李治。李治虽然不想在舅父的羽翼下当听命受教的恭顺皇帝，但让他去除掉舅父，那是非常困难的事。永徽初年，洛阳人李弘泰曾经告发长孙无忌谋反，高宗接到状纸，根本问都不问，就下令将李弘泰斩首。但此时已非彼时了。

显庆四年（公元659年），武则天把矛头对准了长孙无忌。四月，洛阳人李奉节状告太子洗马韦季方、监察御史李巢朋党一事，许敬宗主动请求会同辛茂将进行审理。两位主事的宰相亲自审讯一起一般官员的朋党案，自然是醉翁之意不在酒。因为韦季方是长孙无忌的门生故旧，所以许敬宗趁机想挖出点什么来。审案时，大理寺官员秉承许敬宗的旨意，让韦季方诬陷长孙无忌同谋犯罪，这样就可对他从轻发落。韦季方深感不妙，抵死不认，寻机自杀，结果未死成，在狱中奄奄一息。许敬宗见从他身上不能获取证据，又看他横竖已经没命了，便向高宗诬奏说："韦季方欲与长孙无忌构陷忠臣近戚，使权归无忌，伺隙谋反。现在怕事情暴露，所以自杀。"怕高宗不信，又将从韦季方身上搜得的一封私信交给高宗，说："这封信是题给赵师的。赵师，即长孙无忌也，阴为隐语，欲陷忠良，以伺机谋反。"这个对于武则天、许敬宗等人来说是蓄谋已久的计划，对于高宗来说，乍一听是舅父谋反，还是大惊不已，不能相信。他又让侍中辛茂将再去核实，辛茂将是许敬宗的心腹，他侦察的结果当然与许敬宗说的完全一样。高宗还是不信，说："辛茂将愚蠢无用，所奏不可听信。舅父绝不会做此等事。舅父为小人挑拨，可能有些疑虑，怎么会到谋反的地步呢？"但既然人证物证俱在，高宗有些不知所措了，情急之下忍不住哭了起来："我家真是不幸，亲戚之间屡有异心，往年高阳公主竟与房遗爱谋反，今天母舅也这样，我还有什么脸面见天下之人啊！如果此事果然是真的，我将怎么办啊！"

许敬宗深恨长孙无忌等的飞扬跋扈。他见高宗已是半信半疑，就鼓起如簧之舌，说道："房遗爱只是一个乳臭小儿，与一个女子谋反，成得了什么气候！长孙无忌就不同了，他以前与先帝谋取天下，天下都佩服他的智谋，后来他当宰相三十年，天下害怕他的威势。如果哪一天悄悄举事，陛下派谁去能抵挡得了他呢？今幸好宗庙有灵，因按治一件小事，得到大奸人的阴谋。这是天下之大幸！臣窃恐长孙无忌知道韦季方自杀之事一时窘急，铤而走险而发动叛乱。他举臂一呼，一起作恶的人都云集起来，必为宗庙社夜之忧啊！陛下不见隋朝吗？宇文化及的父亲是宰相，弟弟娶了公主，手握禁兵，隋炀帝对他一点也不怀疑，委以朝政。宇文述死后，宇文化及又统领禁兵。一夜之间，就在江都作乱，先杀不附己者，臣的家也遭其祸乱。于是大臣苏威、裴矩等人，都急忙服从他，等到黎明，隋朝江山就断送了。前事不远，望陛下吸取教训，速作决断。"巧舌如簧的许敬宗把无忌和太宗时的叛臣房遗爱相比，又和隋朝的宇文化及相比，似乎一场江都之变式的大难，已经迫在眉睫，皇帝将被杀死，而要杀死皇帝的，就是长孙无忌。

次日，许敬宗启奏皇上："昨夜韦季方已承认与长孙无忌谋反之事。臣又问韦季方：'长孙无忌与国至亲，两朝受宠，有什么怨恨要谋反呢？！'韦季方答：'韩瑗曾告诉长孙无忌说，柳奭、褚遂良劝立梁王为太子，今梁王既废，皇上也疑心你，所以把高履行外放出去。从此，长孙无忌很忧虑，日夜寻思自安之计。后来见长孙祥又被外放，韩瑗又得罪，所以日夜商量与我等谋反。'臣参验他说的话，都很符合实情。请依法收捕长孙无忌。"

这番话是针对高宗疑虑的心理事先精心编排好的，高宗不由自主就相信了。高宗被谋反的预警吓昏了，同意将长孙无忌削去官爵。

后人常以此为例，认为高宗是个糊涂人，很容易就被臣下骗了。当然，高宗不比他的父亲太宗明察秋毫、天威难测，但关键的原因还在于许敬宗在雄辩中点出了隋唐皇位继承中令统治者寝食难安的一大心病。隋代在皇帝继承问题上，未能实行嫡长子继承制。隋文帝废长立次，他去世后五子杨谅在太原发动政变，在隋朝留下阴影。因为政坛上没有长子必然继承皇位的观念，所以名义上是有德者居之，实际上则是有能力者称雄。隋末群雄并起，自立为帝，以及隋炀帝以一国之尊被弑，都给统治者"能者为王"的危机感。

唐初李世民兄弟发生流血政变，始取得政权。李世民又将宗室降爵为郡公，唯有功者封王，将其兄弟李建成、李元吉的下一代全部杀掉。李世民对待宗室的态度，还可以通过贞观元年凉州都督李幼良伏诛一事看出大概。李幼良是李世民的叔祖。有人告他养死士，李世民便派出中书令宇文士及调查此事，查证属实后便把他杀了。用中书令去调查边境将领是否养了亡命之徒，可见李世民对此事的重视，也可见他所受到的威胁。

李世民虽然对宗室严加注视，但即位后依然受到起兵威胁。一位是他的叔父幽州都督李瑗，另一位是赐姓李的隋末降将、驻守泾州的罗艺。这两次兵变虽然很快平定，但多少在统治者心底留下阴影。李幼良事件大约发生在这两次兵变之后，故此唐太宗的处理方法，也不为奇。事实上，这并不是最后一次出现的起兵事件。同年年底，利州都督李孝常和右武卫将军刘德裕等因被指控谋反而被杀。贞观十七年齐王李祐起兵失败，是另一个例子。

由此可见，南北朝那种有机会就试图建立本身政权的风气，依然存在于初唐的一些统治阶级，特别是皇室中，掌权者不得不时刻加以防范。特别在权力交替之际，最怕有人趁机谋反。高宗认为，在自己多次违反国舅的意图乃至与整个关陇贵族为敌的情形下，长孙无忌有谋反的可能，于是就相信许敬宗的话了。但高宗不忍按谋反的法律处理这位立过大功、辅佐他六年的舅父，他哭着说："舅舅如果真是如此，朕决不忍心杀他。否则天下将说朕什么呢！后代们又会说朕什么呢！"这时，许敬宗见高宗已经相信了，又怕高宗真的心一软，放过了长孙无忌，就进一步说道："薄昭，汉文帝之舅也，文帝从代王的位置做到皇帝，薄昭立有大功。后来薄昭犯罪，只是因为杀了人，汉文帝法不阿私，让百官穿着孝服，哭着杀了他。至今天下人都以汉文帝为明主。今长孙无忌忘记两朝之大恩，谋夺社稷，其罪不知比薄昭要大多少倍。所幸的是奸状自己暴露了出来，逆贼自己招供了，这还有什么可疑虑的？安危就在一刻之间，一丝一毫也不能错过。长孙无忌乃是今日之奸雄，是王莽、司马懿之流，陛下稍有一点耽搁，臣怕变乱就会马上发生，后悔都来不及啊！"

一连串煞有介事的理由和耸人听闻的后果，最终使高宗的精神陷入崩溃。由于对叛逆阴影心怀恐惧，因此他没有勇气把舅舅叫来当面问个明白，一切都交由许敬宗处置。一起不明不白的重大谋反案的主犯，就得以这样了结：长孙无忌被削去太尉一职及封邑，以扬州都督身份安置到黔州（今四川彭水）。

长孙无忌一垮，关陇集团的支柱就倒了。根据武后意旨，许敬宗将长孙无忌之案推而广之，开始了对关陇集团的最后一次扫荡。只用了一个多月，就贬逐了一大批关陇集团的官员。许敬宗上奏："无忌谋逆，由褚遂良、柳奭、韩瑗构扇而成，奭仍潜通宫掖，谋行鸩毒，于志宁亦党附无忌。"关陇集团的另一重要人物于志宁，因为在立梁王为太子时出过力，后在立武后的争议中又不说话，尽管当了册后副使，又任太子太师，但也被加上党附无忌的罪名，免去了他太子太师、同中书门下三品的职务，武后害怕这个关陇集团中地位极高、又有声望的人留在朝中会有不利。于是已经去世的褚遂良被削官爵，柳奭、韩瑗除名，于志宁免官。

关陇集团的子侄辈也没能幸免。长孙无忌的儿子、秘书监、驸马都尉长孙冲等被除名，流放岭南；长孙无忌的堂兄弟长孙知仁，也被贬到冀州为司马；族子、驸马都尉长孙诠，也流放到今四川西昌一带，不久便被迫自杀；长孙无忌的表兄弟、高士廉的儿子高履行受牵连，由益州长史贬为洪州（今江西南昌）都督，不久又贬为永州（今湖南零陵）刺史。时任凉州刺史的赵持满，是长孙诠的外甥、韩瑗的内侄，许敬宗生怕他在西凉造反，将其快马召至京师，下狱拷讯，但他始终不招，终以谋反罪被杀。

一个朝臣如果远离了首都，远离了皇帝的视野，他的安全就得不到保证。七月，许敬宗会同李勣、辛茂将和刚上任的两个宰相——兵部尚书同中书门下三品任雅相、度支尚书同三品卢承庆一起复审长孙无忌谋反案，并派已升任中书舍人的袁公瑜等人到黔州去取证。袁公瑜向长孙无忌取得株连别人的供词，被长孙无忌严词拒绝。袁公瑜就对长孙无忌说："你为什么不自缢身死来谢罪呢？你死以后，我总会想办法在你的供词上替你签名的。"长孙无忌无可奈何，自缢身死。袁公瑜又去找韩瑗，想如法炮制，但获悉韩瑗已死在贬所。他特意打开棺材，验明正身才回京。同时被杀的还有长孙祥、长孙恩、柳奭等人。

至此，关陇集团中最盛而且盘根错节的几个家族都遭到摧残和打击。他们曾盛于唐初，垄断朝政达三四十年。长孙无忌集团彻底毁灭的同时，李义府从普州被召回，被任命为吏部尚书、同中书门下三品，成了掌握人事任免大权的宰相。外朝基本由许敬宗、李义府把持，武则天不仅可以高枕无忧地做皇后，而且可以在某些国家大政方针上发挥自己的政治影响了。

武则天从当上皇后以来，一直想要消灭太尉长孙无忌，但长孙无忌是皇帝的肱股，最有威望的朝臣，而且长孙无忌一派经营多年、根深蒂固，如果一开始就动其根本，阻力和影响都太大。武则天用的是剥笋战术，先断其羽翼，削弱其基础，让长孙无忌孤立起来，最后拔除主干。终于，武则天在巩固权力的角逐中赢得了胜利。

武则天消灭了长孙无忌的势力，她在外朝中的危险减轻了，她可以安心地稳坐皇后之位了。

第二节　母仪天下

皇后加冕的典礼定于永徽六年（公元655年）十一月，距离废王皇后只有一个月。武则天不愿在典礼中显得心中有所愧疚，不肯偷偷摸摸地举行，她要理直气壮，要冠冕堂皇。

礼仪是威势的最好载体。武则天以女性做皇帝，于旧的道德、礼法不合，更需要借助威仪树立她在人们心中的威严。在威仪方面，武则天的一个特点是人不敢为，我偏要为之，敢于打破旧礼仪的束缚，从不躲躲闪闪，而是光明正大地展现她非凡的威仪、气度。

武则天取得皇后的宝座用了不少阴谋，这事本身也有不合当时礼法的地方。顾命大臣褚遂良就曾在朝堂上当着皇帝的面说，武则天曾做过太宗的才人，如果被公开地立为皇后，有被天下人讥为有悖伦理的危险。但武则天不把这些当回事。天下人的讥笑又能怎样？讥笑并不能杀死人，相反，讥笑人的人笑过之后还是要对权威低头。所以，在她心里，这一桩皇后加冕之事要盛大地铺张一下，要壮观，要荣耀，要赛过皇帝的登基，要让天下都知道武氏由此就成了天下的皇后，并且是顺理成章，堂堂正正。

册立皇后的日子到了，大殿里排满了文武百官。在侍女簇拥之下，武氏皇后走进殿来，头戴凤冠，金珠烁光夺目，身穿祭天地大典时的缎袍，上绘霓虹光彩的舞凤，红色的宽带自正中下垂到裙鞋。武氏宁静而庄严。皇后的印玺放在一个玉制的盒子里，由李勣正式递给她。武氏登上皇后宝座之后，随后宣读圣旨，朗诵富丽而庄严的四言贺诗，奏出古典的音乐，礼成。然后，在皇宫以西的肃义门，新皇后接受文武百官及番夷诸长的朝贺，这是特别安排的，是史无前例的。凤辇之前有骑士先导，制服盛装，另有勋徽执事，排列成行。到了肃义门，武氏下辇登楼，立在楼台之上。楼下面的广场里跪着各王子、文武官员、诸番夷的使节，都是衣冠整齐。在前排的都穿紫袍，佩玉带，戴金饰，或为诸王，或官在三品以上；第二排，身穿浅紫色袍，佩有金带，官为四品；第三排，穿藕荷色袍佩金带，官居五品；第四排，身穿深浅两种绿色袍，佩银带，官居六品、七品。以后依品次排列。武后向臣下蔼然微笑，答谢诸臣敬礼之意。然后乘辇回到皇宫，在内宫招待百官和番夷使节的夫人。

威风的皇后加冕仪式昭示着武则天母仪天下的地位，武则天终于实现了她叱咤政坛的第一步。她的盛大的典礼，既是向世人展示她的地位，又是向朝廷内外的大臣展示她的实力：她不再是任人摆布的娇弱女子，她是有权有势的皇后娘娘。

显庆五年（公元660年）正月，武则天由东都回并州故乡。这回是衣锦还乡。武则天大行宴请、赏赐她的父老乡亲。这一切活动的高潮是阅兵。高宗在三月二十八日于并州城举行了盛大的阅兵仪式，这与其说是对武装部队的检阅，还不如说是为武皇后的故乡之行壮威。参加检阅的两支部队，一队由建朝以后成长起来的优秀将领梁建方、张延师指挥，另一队由宿卫中央的内府禁兵组成。演习的具体过程是，"一鼓而示众，再鼓而整列，三鼓而交前"，出场、列队、交锋，整齐而迅速完成，然后布开阵形，左为"曲直圆锐之阵"，右为"方锐直圆之阵"，三挑而五变，步退而骑进，五合而各复其位。在城楼飞龙阁中检阅的高宗君臣都被这威武雄壮的阵势所吸引。许敬宗奏曰："张延师表现得整而坚，梁建方表现得敢而锐，都是一代良将。"身经百战的老帅李勣也感叹道："此番演习甲胄精新，将士齐力，从武器装备到将士们的士气都给人以震撼，在一旁观看尚且感到威慑，何况真的到战场上交锋呢？"这是武皇后在显示力量！

武则天在宫廷之内，收买大批党羽，建立情报和监视网；和外朝的元老重臣们斗时，在外廷也收买党羽，第一批投靠她的是许敬宗和李义府。

许敬宗是江南士族之后，他的父亲许善心，公元618年彭城阁之难时，为叛兵所杀，许敬宗跪伏求饶，留下一条性命。朝中的政敌常常把许敬宗的丑态广为传播，许敬宗既羞且怒，又无可奈何。他是李世民的私人学士之一，有相当学识。贞观十七年（公元643年），负责为皇帝起草机要文件的岑文本半途病死，许敬宗接替了他的职位。从此，他便进入了高层政治的圈子，在门下省和中书省任职，从事国史的编撰工作。公元645年，他成为太子的老师之一，公元649年他当上宰相，但不久即因受诽谤而降为地方官员。

许敬宗是朝臣中第一个为武则天说话的人，也是武则天在外廷中的第一个心腹，他曾劝长孙无忌改变态度，但受到长孙无忌的严词拒绝。于是，武则天与许敬宗很自然地走到了一起。在相当长的时间里，武则天和长孙无忌都势均力敌。一方面，王皇后的舅舅柳奭在永徽五年（公元654年）辞去了中书令的职务，改作吏部尚书，这是武则天的第一个胜利。但在第二年五月，长孙无忌设法任命韩瑗为侍中，来济为中书令。韩、来二人的政治观点与长孙无忌相同，长孙无忌的力量并没有削弱。永徽六年（公元655年），王皇后巫蛊事件发生后，高宗将柳奭由吏部尚书下贬遂州刺史，后又改贬荣州刺史，对此，长孙无忌等又予以回击。在柳奭被贬的同时，皇帝想将武则天提升为宸妃，这是通向皇后道路上的一个重要步骤，但被外廷卡住了。韩瑗、来济认为，这样做在制度上没有根据，皇帝只好打消了这个主意。双方的较量，互有胜负，很难说谁已经处于优势地位。不过，武则天的活动已经引起了外廷人们的注意。人们自然地要想到这样一个问题：究竟太尉的力量大呢？还是昭仪的力量大？

如果从武则天不断派人向长孙无忌致意，力图争取他的支持上看，似乎是太尉的力量大。但是已经有一部分朝臣，他们希望在这场斗争中，昭仪能战胜太尉。许敬宗就是这样一个人物，他在为武则天暗地活动，企图物色一些同伙，但他很难找到。有意于此的人，正采取等着瞧的态度，不敢一试，永徽六年（公元655年），许敬宗任礼部尚书参知政事，后又兼太子宾客。六月，他终于找到了另一个帮手——中书舍人李义府。

李义府是梓州人（今属四川）。从他的出身看是庶族地主，他得以在政治上发迹，是出自太宗朝的宰相级人物刘洎、岑文本的推荐。而刘、岑二人，正是与长孙无忌对立的派系首领。长孙无忌不喜欢他，企图将他调开，"左迁壁州司马"，并已得到皇帝的批准，敕书即将发到门下省，但事情忽然起了变化。

唐代的中书舍人，是一个不小的职务，由于他们是皇帝的秘书，所以必须轮流在朝堂值班，夜晚寝于朝堂，谓之"值宿"。那天晚上，轮到值宿的是另一个中书舍人、许敬宗的外甥王德俭。不愿接受"左迁"的李义府向王德俭求救。王教给他一条秘计：武昭仪正得宠，皇上欲立她为后，怕宰相非难，没敢进行。你如果敢跳出来首倡此事，或许可以转祸为福。王德俭教给李义府的，实际上是他自己不敢干的事。而李义府则不同，他必须铤而走险，这是他唯一的选择。于是，李义府这晚代替王德俭值宿。趁着这个机会，李义府"叩阁上表"，请立武昭仪为皇后。这个建议迎合了武则天与皇帝的需要，皇帝立刻召见李义府，当面撤销了调动，叫他继续留任中书舍人。随后，武则天又派人秘密地去慰问他，还破格提拔他为中书侍郎——相当于副宰相。

李义府转祸为福，是太尉与昭仪两大力量较量中的一个重大变化。群臣从这个变化中，得出结论：权威赫赫的长孙太尉，已敌不过宫廷深处的武昭仪。那些观望者和对长孙无忌一直心怀不满、想去结交武则天又畏缩不前的人，现在开始放下包袱。很快，朝堂上形成一股拥护武则天的力量。于是卫尉许敬宗、御史大夫崔义玄、中丞袁公瑜，都成为武则天的心腹。这是外廷第一批投靠武则天的力量。这股力量，与武则天在宫廷内所集结的情报网，构成她起家的基本力量。

许敬宗、李义府、袁公瑜和其他支持武则天的人结成死党，通力合作。武则天在朝中的权利中枢培植起了一部分亲信，朝廷不再是关陇集团一言堂的天下了。但武则天的这些党羽刚一受宠，本性就暴露出来，贪污腐败，唯利是图，恃宠用事。李义府的强取豪夺，抢人田产，夺人妻子远近闻名。他母亲死后，出丧时送殡的行列竟达数里之长。从某种意义上，武则天愿意看见这种示范效果：向她唯命是听的人有权有势，富贵荣华。这种权势荣华都是由她随时予取予夺的。

不过，李义府确实闹得太过分了。显庆元年（公元656年）八月，一位洛州妇人淳于氏，长得很美，因犯奸事系在大理寺狱中。李义府闻她美色，竟让大理寺丞毕正义徇情枉法，将她释放，想纳为妾。这给关陇集团以可乘之机，大理寺卿段宝玄立即将此事写表上奏。高宗命令给事中刘仁轨等人审理此案。李义府恐事败露，竟胆大包天逼令毕正义自杀于狱中。由于李义府纳妾没成事实，毕正义又死无口供，高宗没有给李义府加罪。这也许是武则天起了作用，她尽管对李义府恼火，但当此用人之际，当然不想让关陇人士反击得逞，也不想让拥护她的人寒心。

但这件事情并没有结案。关陇人士不放过这个机会，侍御史王义方上奏，说："李义府在天子的眼皮底下，竟敢胆大包天，擅杀六品官，罪不可恕。即使说毕正义是自杀，也是因为害怕李义府的威势。如果这样，则生杀之柄，不在皇上的手中了。此风不可长。请皇上命人查清楚。"这一弹劾虽然没有真凭实据，但切中要害。可是王义方还是被冠以毁辱大臣的罪名遭贬。这后面隐约可以看到皇后的手在罩着她的亲信。对李义府，她既知其优点也知其缺点，既记其功也记其过，她完全站在一种主动的位置上，决不会让奸诈小人牵着鼻子走。她有时任用小人，把这当作一种政治手段，一种政治需要。一直到八十高龄，她任用过而又被抛弃的小人不计其数。

通过各种政治手段，武则天终于威风凛凛地登上了皇后的宝座，她的权力和地位从此就走上了一个新的台阶。

第三节　姓氏录

显庆四年（公元659年）三月，高宗下诏改《氏族志》为《姓氏录》。修改的理由是《氏族志》中没有列入武则天家族的郡望。

武则天皇后之位稳固后，再撼永徽政治格局，在大的策略、措施上有二：一是把大量"杂色"放入"流内"；二是建立《姓氏录》的门阀体系以取代太宗时期《氏族志》的体系。这两项措施，一个让许多没有门第资荫的人能进入上流内官的行列，另一个让凡是五品以上的官员都能名列天下士族榜，抬高他们的社会等级。这些都是收买人心的大举措。

唐代的选官，到高宗显庆年间出现了官阙（空缺的职位）有限而应选人多的严重矛盾。当时内外官员的编制只有1.3万余人，而每年取得做官资格等候任命的多达1400人左右，以每人任官30年计，约1.5万名的员额每年只需500人入流即可补充，现在每年入流1400人已是此数的三倍，更何况现任官员中30年之后还有许多人在任。所以，每年铨选结束之后，仍有许多人得不到官职，造成"九流繁总，人随岁积"的混乱情况。显庆二年时，黄门侍郎知吏部选事刘祥道曾上疏奏请进行改革，后来中书令杜正伦也想整顿一下此事。高宗下诏让百官集议，由于人们大都不愿做大的变更，讨论没有结果，只好不了了之。其实，刘祥道、杜正伦等人提出整顿选官制度，主要还是着眼于"杂色入流，不加铨简"，即许多没有门荫又未经科举的人进入到流内官的队伍中。

当时，正统的官僚阶层称为"正色"。"杂色"是跟"正色"相对的，指的是流外官，仿佛是足球场上的替补队员，只有流内官退下一小批，才有相应的流外官替补上场，这叫作"入流"。流外官是高门大族所不齿的，一般是由庶族担任。在唐太宗时代，杂色入流必须经过严格的铨选，因而每年的入流量是不大的。但在武则天夺得皇后宝座后，入流量便猛增了，杂色入流，几乎不要经过什么铨选。这种现象之所以产生，恐怕与她巩固皇后宝座的图谋有关系。善于收买人，树置党羽本来是武则天一贯使用的手法。过去，她是一个一个地收买。现在，她位居皇后，可以利用手中的权力大批大批地收买。在外廷，同意或支持长孙无忌的人是众多的，武则天如果不在流内官员中广树心腹，她将陷入孤立的境地，有被长孙无忌击败的危险。

考虑到当时科举入仕的人很少，进士每年平均只有十余人，明经也不会超过此数三四倍，在每年入流总数1400人中，科举出身者所占比例极小。大量的人还是从流外入流、或通过应募从军获取军功跻身官场。刘祥道、杜正伦等关陇集团中人要求限制杂色入流，根本上还在于强调门荫，就是根据父、祖的官品取得做官资格，然后入仕任官，这是门阀制度在选官制度中的残余。如此看来，这次整顿如果成功，将是对大量新兴阶层进入官场的一种重大打击，也是对门荫制度即贵族特权的一次强化。

而实际结果是"事竟不行"，主管部门的建议没有被通过。一种解释是，刚刚做上皇后的武则天正急于取得新兴社会势力的支持，为了收买人心，必须给这种新兴势力以机会，也就必须对这样的建议进行干预。

这时候，政治上的另一种突出的现象便是李义府卖官。李义府是唐代历史上第一个大贪官。不仅他本人卖官，他三子一婿全都参加卖官活动，门庭若市！他卖官的目的，自然有敛财的目的在内，但政治方面的意图却是主要的。这种意图即是"多引心腹，广树朋党"。李义府的这种活动如没有得到武则天的支持，是说不过去的。李义府的朋党，自然也就是武则天的朋党。将"杂色入流，不加铨简"与卖官二事合而观之，我们就可以看到武则天意图所在，这就是广树心腹，以摧毁长孙无忌这一派的势力。

与此同时，武则天又采取了钦定士族的方法。贞观十二年（公元638年）唐太宗颁布《氏族志》。现在，武则天为什么要修订《姓氏录》呢？

魏晋南北朝以来，士族风气浓厚，士族与庶族之间地位悬殊。唐朝建立后，社会等级的编制也出现了否定门阀制度的趋势。但是，几百年来的门阀观念在唐初社会上还有着强大影响。唐室天下的取得主要靠关陇士族拥戴，既得天下，关陇士族集团成为稳固统治的重要基础。唐太宗为稳固统治，也要依靠这一集团。他想抑制一下旧朝士族，目标主要是声望和历史传统地位很高的山东士族，特别是崔、卢、李、郑等山东大姓，而不是关陇士族。贞观八年（公元634年），唐太宗命高士廉等撰写《氏族志》，是想借此提高包括皇族在内的当朝贵族的声望。

贞观十二年《氏族志》修成后，唐太宗见崔民干被列为第一等高门，甚至排在皇室之前，深感这种做法与时代精神不合，于是提出了一个新的原则来划分等级，命令加以修改。新旧原则都承认现时权贵也承认与过去冠冕、父祖官荫的做法不同，是以当今官爵高下划分社会等级的原则，说白了，不看祖宗多大官看你现在多大官。

但是，那些熟悉和维护门阀制度的修撰者们一时还跳不出旧有观念，修改后的《氏族志》中，许多当今没有高官厚爵而以过去冠冕著称的旧士族，仍是居于皇族、外戚之下的最高等级。所以说，贞观《氏族志》只是提高了皇族和外戚的地位，许多现时新贵的社会地位没有得到承认。于是，还有一些高官以通谱联姻等方式攀附高门，同时，更广大的一般地主出身的官吏们，虽然通过各种方式以得到迅速升迁，但在门第上仍不能跻身于高层，这在当事人看来是荣辱攸关的大事。

尤其是高宗即位后的几年来，边境战争连年不断，对军功的赏赐也很丰厚。像薛仁贵在太宗末年白衣从军、立功后由兵卒致位五品游击将军，这种情况越来越普遍。又如苏定方，虽说隋末已投身农民起义，贞观初年也曾随李靖击突厥，但至永徽初年也只是个四品下阶的中郎将，显庆后连立大功，迅速提拔为正三品的大将军，封为从一品的国公。这些为数不少的新近因军功而置身高位的官僚们，越来越迫切地要求取得法定的社会地位。还有一些人虽无军功却也迅速做了高官。如李义府，在投身武则天的过程中做到了三品中书令。即便是李勣，虽在贞观时已位重官高，但到死，他在贞观《氏族志》中也没有列入很高的等级。很难想象，经过几十年的出生入死，做到了位极人臣的三公（正一品），李勣依然没有达成抬高自己家族门第的愿望。而旧的《氏族志》里面记录的是当年和太宗一起打天下治天下的勋贵，武则天的支持者大多不在其中。

世易时移，打破《氏族志》的框框，重新确定权贵们社会等级的任务被提上了日程。显庆四年（公元659年）三月，由许敬宗、李义府等人建议，高宗下诏改《氏族志》为《姓氏录》。

《姓氏录》本是针对武氏和新贵而定的，所以它比《氏族志》更加"崇重今朝冠冕"。《姓氏录》的指导原则是"皇朝得五品官者，皆升士流"。这样一来，连以军功至位五品以上的军卒们都成了士族。

《氏族志》虽然也列入了没有旧时去冠冕的新贵之家，但不记其郡望，而只对旧士族却叙录郡望，着意考辨其真伪。其实，像武氏这样在建朝过程中兴起的新贵在《氏族志》中未叙郡望的家族还有许多，李勣即是一例。所以，许敬宗的提议，不应只是得到武皇后的赞许，背后还有更多的人加以响应。为此，高宗下诏编辑200卷的新《姓氏录》，高宗亲自作序并确定应遵循的等级序列。

《姓氏录》在长孙无忌被贬之后迅速修订成，并于显庆四年（公元659年）六月颁布，这无疑是武则天势力的一个重大胜利。在《姓氏录》中，武则天与长孙皇后的家族并列第一等，但作为长孙家族的中心人物长孙无忌却已被削去官爵，其家族弟侄及子孙即使没死的也已被除名为庶人，实际上已无人入叙《姓氏录》的族谱中。李勣之家进入第一等，许敬宗、李义府以宰相资格进入第二等，还有大量因功提拔为五品官爵者都列入了《姓氏录》中。尽管由于根深蒂固的门阀观念的影响，社会上还存在着对《姓氏录》的抵制，但是，《姓氏录》毕竟以皇帝的名义颁布推行了，李义府还上奏收天下《氏族志》而焚之。

新志的标准很明确：皇朝得五品者书入族谱，也就是说，五品（当然包括五品以上的人）官可列名于《姓氏录》。而且，《姓氏录》一律不注明郡望，完全以官品高下排列等级。这与传统的标准如婚宦、血统、门风、家学等是针锋相对的。现代人可能不把这当作一回事，但是在唐初，门阀观念的残留还很深远，无论多显赫的官员，都把立门户、传姓氏当作头等大事和无上荣耀。而《姓氏录》打破了高门大族长期依据"家庭出身"和社会承认对门第的垄断，让五品以上的官员都能榜上有名，这是多大的诱惑啊。

《姓氏录》同样重视军功。与旧的《氏族志》不同的是，新志收录的多是近期对外战争中涌现出的新的英雄人物。一个出身庶族的普通战士，可以通过积累军功，达到五品，上升成为士族。这是具有一定进步意义的措施。

如果说，通过"杂色入流"，使得大批的胥吏得以入流内，从而在流内低层官员中，安排了武后大量的拥护者的话，那么，通过《姓氏录》的修订，就使得那些五品以上的人，成了钦定士族。于是，在中层以上的官员中，特别是在武官中，又收买到了一批拥护者，军队指挥官中有不少人，成了武则天的党羽。至少，他们在武则天与长孙无忌的斗争中，不会采取支持长孙无忌的态度。如果一个统治者没有牢牢地把握兵权，他的宝座是不稳固的。长孙无忌失败的主要原因之一就在于，永徽夺宫之后不久，他逐渐丧失了发动反政变的能力，武则天已逐渐地控制了军队。也就是在这一年，武则天发动了对长孙无忌的最后进攻。

除了杂色入流和修订《姓氏录》之外，还有一项更具跨时代意义的举措也开始实施，那就是科举制度在这个时期出现了一些变化，举人开始多了起来。唐初科举取士还处在官僚队伍来源的补充地位。与此同时，庇荫为官的制度仍盛行，而且贵族子弟上升速度非常快，勋旧大臣的子孙一下就授以高官。制科是皇帝临时下诏选拔特殊人才的途径，高祖、太宗时情况不详，高宗永徽三年以后，不断设科举人。尤其是显庆四年（公元659年）三月，设八个科目举人，应举者达900余人，选拔出了郭待封、张九龄等人，进入弘文馆随仗供奉。这似乎是对长孙无忌集团发起总攻之前一次招兵的象征，武则天从此看到了通过制科选拔人才在收买人心方面的效应，所以等她将来临朝称制以后，便大开制科，既以禄位收天下人心，又因此选拔出许多经世治国之才，这些都是后话了。

要想牢固地把握住权柄，最根本的还是要得到大多数人的支持，给他们以利益，这样才能换来他们发自内心的支持。对武则天来说，不仅要在外朝笼络住自己的私人势力，更重要的是取得大多数中下层的官僚的认可和支持。以长孙无忌为代表的关陇旧贵族，维护的是小集团的利益，排斥大多数关外势力和庶族地主。武则天正是反其道行之，获得了大多数官僚的支持。

"杂色入流"为武则天获得了大批低层官员的心，《姓氏录》的修订使五品以上的人成了钦定士族。士族和庶族之间严格的等级界限终于被彻底打破了。

第四节 迁 都

光宅元年（公元684年），武则天把朝廷迁往洛阳。

武则天的重大策略都有她的政治目的。高宗时，她修大明宫，运用这一表面看来毫无政治意义的事情，分开了内廷与外廷之间的紧密联系，从而削弱了宰相权力对皇权的约束。接着，武则天又力促迁都，通过迁都洛阳来进一步巩固她的权力。

所谓把握住大的利害关系，是指能根据时代发展的步伐或制度变迁的需要，及时调整政策，趋利避害。它涉及的不是小权小利，而是关乎政权兴衰的财脉。统治者把握住这一点，就为掌好权奠定了坚实的基础。集中体现的是移都洛阳。

武则天皇后位子刚一坐稳就开始酝酿一件大事——把首都从长安移到洛阳。朝廷事实上已于太宗时期分三次迁都洛阳，但在显庆二年（公元657年），武则天终于取得了阶段性成果，洛阳被正式定为第二个首都，而不只是朝廷的行宫。每个部和每个衙门都在洛阳设分支机构。当然，这是一项大工程，此后的五年，武则天一直为此努力。龙朔二年（公元662年），在洛阳办起东都国子监。高宗时期，朝廷迁往洛阳不少于7次。高宗统治期间，约有10年在洛阳上朝。咸亨二年（公元671年）高宗一行驾幸东都时，许多政务还要在长安处理，留太子于京师监国。把太子留在长安，就是武则天的有意安排。因为这样可以把那几位宰相也留在长安，便于自己改组政府。而且，决定把李显召到洛阳之后，除裴炎外，留在长安的宰相都没有接到随同前来的通知。弘道元年（公元683年）四月，朝廷最后一次迁往洛阳。在这次转移政府的过程中，旧的宰相集团中那些武则天的障碍被纷纷去除：李义琰请求退休，获得武则天批准。中书令崔知温在洛阳去世。中书令兼太子左庶子薛元超也在长安病得不能开口说话，上表请求退休，很快获得批准。八月，太子李显被召往东都，裴炎随往，任命李显的第二子唐昌王李重福为京师留守，唯一还留在长安的宰相刘仁轨被任为副留守。皇帝、太子以及除挂名宰相刘仁轨外的所有宰相，都已集中到了洛阳，武则天组建新政府的计划宣告完成。从此，整个朝廷经常迁往新都去处理公务，这已成为定制。虽然在空荡荡的京师始终保留着一个小小的留守政府，但实际上不但整个皇室及其随从，而且中央政府的全部行政机构在这几次迁移中也转移一空。光宅元年（公元684年）九月，武则天"改东都为神都"，永久性地把朝廷迁往洛阳，一直到公元701年。

朝廷在东、西两个京都之间来回迁移，使帝国财政极度紧张。几次迁都不但造成了很大的混乱，而且耗资巨大。众多的扈从人员给所经之地带来了贫困。洛阳需要建造许多新的宫室和官署，以提供一个京都的必要设施。耗资巨大的工程在高宗时期不断进行，因此，进行这一新的花费极大的工程，一定是事出有因。

第一个因素就是被传统历史学家所强调的武则天的情感和精神状态。据说在除掉王皇后和萧淑妃以后，迷信的武则天常看到她们的鬼魂作祟。萧淑妃临死前的诅咒效果如此强烈，以致武则天一生都不能摆脱它。她时常感到猫的威胁！自武则天夺宫成功之日起，她常见王、萧二人披发如厉鬼的影子。为此，她换了几次宫殿，但还是摆脱不了这种幻影。最后只好长居洛阳，不归长安。

第二种解释纯粹是经济方面的。长安位于比较贫穷和生产不发达的地区，易遭受长期的严重干旱。从外地供应长安谷物既困难，费用又极大。供应洛阳，便容易得多，因为它直通隋朝修建的复杂的河渠网系。永淳元年（公元682年）四月，由于关中受灾，粮食匮乏，高宗和武则天决定前往东都洛阳。因为那里受漕运之便，存储了许多从江淮运来的粮米，可以保证大量官员的吃饭问题。

都城范围广阔，人口繁多，日常用水自然不少。引导附近河流，使之流入城内灌注各处，也就成为当务之急。而水上交通也比陆地方便，如能用之得宜，更有助于都城的繁荣昌盛。长安和洛阳在这一点上基本是相同的，只是由于受地理条件限制，而有所差异。长安位于龙首原，平坦无阻，故宫城、皇城和外郭城依次而南，条理井然。洛阳有洛河从城中横穿流过，引水自较长安为易。隋炀帝开凿通济渠和永济渠，是以洛阳为肇始之地。

由于河流和渠道都流经洛阳城内，城内不仅有水上交通航路，就是一般用水也较为方便。由于引水方便，一些达官贵人的邸第中都有池沼，甚至还都相当广大。白居易的宅第在长夏门东第四街履道坊，宅地十七亩，水居五分之一，中有岛树桥道。这样的情况在长安城是少见的。

作为都城，不但要是政治中心，还要是经济中心。唐朝当时的中心应该放到扬州。后来只有益州能够和它相比，因而有了"扬一益二"的说法，长安和洛阳更是居于其后了。洛阳虽然说不上是经济中心，但还是比较繁荣的，仍然可以作为经济都会。武则天改东都洛阳为神都时，又徙关外雍、同、秦等七州户数十万以充实洛阳。这么多的人口，其中还夹杂着许多达官贵人，这就必然会促进当地的商业发展。

隋炀帝开通济渠，其作用之一就是运输东南漕粮，含嘉仓为洛阳城中储粮的仓库。漕粮运来后，即能随时入仓，可以说是相当便捷。通过这些运河渠道，太行山东，江淮之间皆能与两都相联系，就是江南和岭南，也可通达。长江下游各部的贡品甚至岭南贡品也能够运来，商货也随之而至。

对迁都有各种各样的解释，其中首要的当然还是政治上的解释。长安是西北地区的自然中心——当关陇集团已处于统治地位时，它是文职官僚机构的政治中心。指定洛阳作为新都，这本身是一个象征性的表示，即关陇贵族政治势力的全盛期已经过去了。迁都又是一个旨在取悦于许多山东、河北出身的官员的行动，他们在高宗时期当上了高官，并且算得上是武则天最热心的支持者。陈寅恪说：武则天以关陇集团之外的山东寒族的身份，一旦攫取政权，久居洛阳，转移全国重心于山东，重视进士科举的选拔，拔取人才，于是就破坏了南北朝的贵族阶级，运输东南的财赋，以充实国防力量的格局。

以上政治经济原因，可算是武则天时代做出的重大战略调整。不过有的也许是她在不自觉之中发挥了作用。其实，对于迁都武则天还有一个现实考虑的因素，那就是摆脱宰相集团的控制。

武则天做皇后以来，长期面对来自宰相的反对势力，对于她执掌朝政来说，这方面的阻力，要大过来自高宗和李唐宗室方面的阻力。

上元二年（公元675年）八月调整后的官员，加上仪凤元年（公元676年）补充的4人，共有9个宰相，其中侍中张文瓘和中书令郝处俊处于核心地位。

张文瓘，贝州武城人，从小丧父，没有任何家世背景。贞观初举明经入仕，受李勣提拔入朝。龙朔年间，官至东西台舍人，总章二年（公元669年）以东台侍郎、同东西台三品入相，至今已是将近十年的资深宰相。在拜为侍中之前，他担任大理卿、参知政事，由于执法公平宽恕，深为犯人推服。侍中是宰相中的首相，由于他为官正直严谨，深得高宗信任。

郝处俊出身高官贵族家庭，外祖父许绍、舅父许圉师都是一时高官名臣，父亲被封为县公。但郝处俊本人还是依靠个人的才学而入仕的，贞观年间举进士出身。虽然他曾经作为李勣的副将参加了讨伐高丽的战争，但基本上还是一个文士。总章二年（公元669年）以同东西台三品入相之后，同样深得高宗的信任，尤其以反对高宗逊位给皇后而知名。

由于这个宰相班子有着反对武则天直接执政的色彩，双方似乎陷入一种僵持的局面。在废李贤之前，这种僵局已经有所改变。因为这些宰相不仅资格老，他们的年纪也大了。仪凤三年（公元678年）九月，侍中张文瓘去世，终年73岁；十一月，来恒去世；第二年正月，戴至德去世，终年72岁；十一月，高智周罢为御史大夫。9个宰相中去了4个。但郝处俊已担任侍中，在李贤监国的情况下，形势对武则天依然不利。

不过，武则天利用老宰相去世留下的空缺，还是在这种僵局中打开了缺口。调露二年（公元680年）四月，新任命了3个宰相：黄门侍郎裴炎、黄门侍郎崔知温、中书侍郎王德真，打破了原来那个老龄化宰相班子造成的僵局，给武则天带来了机会。四个月后，李贤被废，兼任东宫官的宰相张大安、李义琰、薛元超等受到冲击，张大安外贬，王德真也罢相。到永隆二年（公元681年）三月，侍中郝处俊被罢相，不久后，刘仁轨又请求辞相。当年十二月，郝处俊去世，终年75岁。

于是，老宰相的格局彻底改变。永隆二年（公元681年）七月，裴炎任侍中，崔知温、薛元超任中书令。不过，裴炎并非武则天的亲信，德高望重的崔知温更不可能听武则天的摆布，薛元超是武则天打击上官仪的受害者，反对武则天执政的李义琰也还是宰相，刘仁轨以功劳和资历在朝廷还发挥着很大作用。武则天仍无法控制宰相。

永淳元年（公元682年）四月，由于关中受灾，粮食匮乏，高宗和武则天决定前往东都洛阳。这次去东都，把太子李显留在京师监国，代理政事，并留下刘仁轨和裴炎、薛元超二位宰相帮助他。这对高宗来说，正可以到洛阳去休养一下，毕竟可以摆脱关中的闷热天气、粮荒和烦人的国事，而对于武则天来说，更是摆脱宰相控制的一个极好机会。

武则天匆忙离开长安前往洛阳，是因为她急于在高宗眼看将不久于人世的情况下，摆脱虽然相互之间也有矛盾但都不可能完全为己所用的文臣武将。让主要的宰相和军队都留在长安，到达洛阳后，武则天在许多问题上就可以放开手脚了。

迁都，在历朝历代都是关乎社稷命运的大事。特别是在唐朝，起家在关陇一带，地域内的各种政治势力根深蒂固，难以撼动；王朝的军队主力也集中在关中，内重外轻，在首都的一举一动都不敢大意。可越是这样，就越要打破旧僵局。

迁都洛阳，既为武则天赢得了权力上的优势，又帮助她有效地避开了与宰相的冲突，摆脱了宰相的控制。武则天经营多年，终于在高宗在世时完成了这一关键性的调整，眼光之远，决心之大，超出常人。

第五节　息兵富民

史书记载，高宗以来，承平日久，府兵为人所贱。百姓以当府兵为耻，甚至有人蒸熨手足以逃兵役。轮值当兵的大都是贫弱受雇而来。另外，长期的战争也给国内经济带来沉重负担，社会生产受到耽误和破坏。与此同时，国内又遭受了严重的自然灾害。尤其是当时经济最发达的河南、河北广大州县，连年遭到水灾，关中也是先水后蝗，继以疾疫，粮食歉收，米价踊贵。

武则天敏锐地捕捉到了官兵正在滋长的厌战情绪，这就成为她进一步树立自己政治领袖形象的重要突破口，她不失时机地提出了息兵富民的《建言十二条》。

所谓"势"，是一个时期最主要的变化趋向，"势"是潮流，是人心所向，是不可逆转的。如果逆势、抗势而动则有覆亡的危险；如果应势、顺势而动，则能很好地融入潮流之中，成功系数增大；而能把大势为我所用，则所向披靡。善于利用形势是武则天的过人之处。她在咸亨、上元年间提出的《建言十二条》就是她顺势应势的典范。

不同时期的大势也不同，那么，咸亨、上元年间到底是一种什么样的社会形势，出现了什么样的思想动态呢？那时的大势并不显露，唐朝虽然表面看来武力强盛，但外交形式已经走到了一个危机四伏的境地，多年的战争引发了社会基本制度的巨大变化，人民渴望和平安定的生活。

显庆三年（公元658年）平定西域以后，唐朝终于消灭了东、西两个突厥汗国，取代了他们在亚洲内陆的霸权，并且设置了大量府州。唐朝因此建立起了自己对西域广大地区的统治，西部疆界到达咸海和阿姆河以西地区以及今阿富汗和伊朗边界。

但是，咸亨元年（公元670年），吐蕃与西突厥余部在西域连兵，唐朝被迫罢废安西四镇，强大的吐蕃帝国开始了与唐朝在西域的争夺，使得唐朝的西线战争不断受挫，安西四镇也时弃时置。唐朝在西域开始陷于被动。

在东线，乾封元年（公元666年），高丽莫离支盖苏文去世，继任者与其两个弟兄内部争斗，使形势变得对唐朝有利。当吐蕃的新首领请求唐朝协助对付他弟兄的反叛时，唐朝派出李勣率军对高丽发动水陆大战，新罗的一支大军从南面配合进攻。总章元年（公元668年）征服高丽，实现了隋唐帝国几十年来的愿望。李勣经长达一个月的围攻后，攻陷高丽首都平壤，带着20万俘虏（其中包括高丽国王）返回长安，并把高丽国王献到太宗墓前祭奠。一个有2万驻军的都护府在平壤设立，以治理被征服的高丽王国。唐朝的军事力量和威望在这个时期达到了顶峰，甚至超过了太宗时期。在短暂的几年中，唐朝控制的帝国的领土比它以前和以后都更为广阔，长安的影响已达到中亚和东亚的大部分地区。

高宗朝对外战争频繁，以总章二年（公元669年）为分水岭，在此以前是一连串的成功——唐朝领土不断扩张，于显庆三年（公元658年）置濛池、崑陵二都护府，同时把本来在高昌的安西都护府移至中亚的龟兹国，十年后又在朝鲜半岛平壤置安东都护府。但其后唐对外征战只是胜负参半。

由于越来越严重的财政困难困扰着帝国内部，滥用军事力量，超过了合理限度，并且过分延长了唐朝的防线，再加上中亚和北亚新的强国崛起，最终迫使唐朝收缩自己的边境。咸亨元年（公元670年）负于吐蕃，失安西四镇。咸亨元年（公元670年）及仪凤元年（公元676年），安东都护府先后两次从平壤撤移至辽东。

唐军为何在朝鲜半岛弃守平壤退居辽东？有些学者指出，高丽人并未有"欣然慕化"，他们随即展开了反唐运动。而且，一直与唐朝保持同盟关系的新罗，由于百济和高丽的灭亡，也开始同唐朝发生冲突。史学大师陈寅恪认为，唐朝在朝鲜半岛势力后退是由于唐室受西北强敌吐蕃的牵制，不得不在东北采取消极退守策略。这应该是令唐室减低东北军力的主要原因。高宗晚年，除吐蕃外，突厥又威胁北边。总而言之，由于西北方面压力，在高宗晚年，唐朝对东北方面也无法实现强有力的控制，只能利用亲唐分子，间接管治高丽。

总之，到咸亨年间，朝廷收到的是前线连连受挫的战报。一代名将薛仁贵先败于青海大非川，再败于新罗，标志着唐朝对外战争进入到了一个重大转折时期。尽管如此，高宗在仪凤三年（公元678年）末还打算出兵对付吐蕃。可见他的基本态度，仍然倾向于采取积极行动。调露元年（公元679年）底唐军出动18万人去讨伐突厥。

武则天对当时的战争持什么态度呢？从部分接近武则天的人物的政见中可以去探求她对外政策的见解。武则天立后次年，皇太子李弘于总章元年（公元668年），唐破高丽后，曾经上表指出军人因疾病、遇匪或其他原因被判定为逃兵需要受刑是不公平而该纠正的，他的建议后来被接纳。另一个例子是张文瓘，他先后担任李弘和继任皇太子李贤的顾问。仪凤三年（公元678年），唐高宗一度有意再次起兵讨伐新罗，但在张文瓘的反对下才打消此念头。他的理由是恐怕百姓不堪其弊。由于他早年曾谏高宗减少劳役以安民，可见他反对出兵的意见是一贯的。在李弘和李贤兄弟的顾问中，宰相戴至德和李敬玄均非武将。总而言之，在武则天两个儿子的几个顾问中，没有积极的主战派。这情形比较高宗任太子时由主战的李勣任顾问的境况，大相径庭。这不似是偶然，而是武则天刻意安排的结果。

高宗晚年时，武则天在对外事务上的总体思想是减少国力的消耗，主张息兵，如不能与邻邦修好，则用以夷制夷方式对抗外敌。武则天何以主张息兵呢？

咸亨年间唐朝在对外战争中的连连受挫，给国内的人民也带来了严重影响。在高宗初年进行的对外战争中，由于对军功赏赐丰厚，生活上富裕起来的许多平民子弟都希望通过立功获取官职，而且当时的战争时间持续也不长，往往几个月的出征即戴功而还，所以出现了"百姓人人投募，争欲征行，乃有不用官物，请自办衣粮，投名义征"的热烈场面。到后来，随着战争持续的时间越来越长，战事也更加频繁，出征人员得到的勋赏越来越少，并且有因战败受罪责的可能，人们越来越不愿出征打仗，兵募发生困难。

为了广泛地笼络人心，上元元年（公元674年），武则天提出了《建言十二条》。这十二条建议，是皇后通过表疏的形式向皇帝提出的，后公布于天下。

十二条建议可以分为三大部分。一至五条主要说息兵、息役、重德薄赋：一、劝农桑，薄赋徭；二、给复三辅地；三、息兵，以道德化天下；四、南北中尚禁浮巧；五、省功费力役。第一条是说要鼓励农业生产和手工业生产，减轻农民的赋税劳役负担。第二条是说免除国都长安及其附近地区人民的徭役。第三条是停止战争，通过道德教化来治理国家。第四条是禁止朝廷各部门的奢侈浪费之风。南指南衙，是宰相们办公的地方，在宫城之南；北衙指宫廷中各机构；中指中书省；尚即尚书省。第五条是要减少营建场所造成的财政开支和劳动力的使用，这一条是针对大修宫室的教训提出来的。尤其第三条明确提出了停止战争，在边疆由进攻转入防守，把国家的重心转移到恢复和发展生产上来，这是高宗即位以来基本国策的一个重大转变。武则天抓住时代的潮流，能够在国家大政方针上提出纲领性的意见，说明多年的参决政务，已使她对现实情况有了深刻了解并具备了卓越的政治才能。

六至九条是关于政治风气和意识形态的改革：六、广言路；七、杜谗口；八、王公以降皆习《老子》；九、父在，为母服齐衰三年。第六条是为了拓宽言论渠道，听取更广泛社会阶层的意见。第七条是为了防止有人对自己以皇后身份参政说三道四，维护"二圣"政局。第八条是为了表明自己是李唐皇室的忠实拥护者，因为老子姓李，被尊为唐朝的玄元皇帝，同时也是为了提倡道家思想，真正实现无为而治。第九条是为了提高妇女的社会地位。因为按照古礼，子为父、父为长子服丧都叫"斩衰"，"斩衰"都是三年丧。"齐衰"次于斩衰，齐衰一年是父在的话，子为母的服丧。齐衰本来就低于斩衰一等，又在居丧期限上规定父在只为母齐衰一年，母亲还不及家中长子的地位。武则天觉得这种服制对女人是很不公平的。因此她规定"父在，为母服齐衰三年"。

十至十二条则是改订姓族、泛阶政策的继续，旨在维护一般中下层地主官僚的利益，以争取更广泛的社会支持：十、上元前勋官已给告身者，无追核；十一、京官八品以上，益禀入；十二、百官任事久，材高位下者，得进阶申滞。勋官是奖赏给立有战功者的一种身份，虽然没有具体的职守，但可以按照勋品的高低占有不同数量的"勋田"：勋官本人及五品以上高级勋官之子，可以获得任官资格，按规定服役或纳资满一定期限后，经考试合格，可参加铨选，二品勋官还享有门荫的特权：勋官的服色与同一品级的官员相同，享有一定的社会地位。对于大多数平民子弟来说，获得勋官同样具有重要意义。但是，由于战争的艰难和士兵情绪不稳，致使许多士兵从前线战败回来后被"夺赐破勋"，这也是促使国策转变的一个重要因素。第十条是上元元年之前已给勋官证书者，一律不再追回，政府予以承认，就是为了在转变国策的同时，照顾各官职的阶层的利益。第十一条是给京官增加俸禄。第十二条是为官年久其仍居下位者，应予考查，着即依功绩升迁。这三条是较为广泛的笼络官员的一种政策，关系到各阶层官吏的切身利益。

　　这十二条建议，是武则天第一次公开提出的全局性的政治主张。建言提出后，高宗李治很是赞赏，下诏褒奖赞美，并令各部门实行。对于武则天本人来说，通过这次上表建言，进一步取得了高宗的信任和更广泛的社会支持。这正是她政治发迹史上又一具有里程碑意义的重大突破。

　　林语堂说这十二条是十二项伟大浮夸的政治改革计划，是官样文章，难以实行。也有人认为在高宗的最后几年里，基本是按这个纲领去做的。武则天在上元二年（公元675年）三月举行隆重的亲桑和祭祀先蚕的仪式。按传统礼仪，每年的春正月，皇帝率公卿祭先农，亲耕；皇后率内外命妇祭先蚕，亲桑。这种礼仪从上古沿袭下来，反映了男耕女织的经济生产、生活特色。武则天为了号召臣民重视农桑，打破惯例，在洛阳部山之南以隆重的规格举办这一活动，并要求朝中百官及各地朝觐使者都来参加。想通过这一举措表示她奖励农桑的决心。同年，朝廷又做出进一步的让步，即取消由于支付朝鲜和西北战事的军费而征收的捐税。

对于息兵的政策，在高宗去世后，武则天仍然是坚持的。在公元684年《改元光宅赦文》中，武则天清楚地下令："其诸都护、汉官及镇兵等，并悉放还。"武则天注意到军役长久带给百姓的不便，这个条文是她息兵主张的实现。

另一方面，武则天也尽量与外族各邦修好。回纥这段时期曾受都督号以统蕃州，其余如东女国、南诏蛮、于阗、康国、契丹等首领王族来朝，也有赐物或赐封号的记载。这些外族多没有和唐朝有相连的国境，这和吐蕃、突厥不同。细心察看武则天所赐诸邦封号，不少均比前代高，表示出武后希望拉拢这些小国，利用一种远交近攻的策略，以求达到孤立吐蕃与突厥的最终目的。

光宅元年（公元684年）末，倭国（日本）有一批留学生和公元660年初期在朝鲜半岛作战被俘的军人经过新罗回国。这件事是武则天准备向新罗、倭国修好的表现。而新罗也赞同这一主张，帮助把倭人（日本人）遣送返国。唐朝与新罗的紧张关系得到缓解。

武则天主张息兵并不等于她不关心国防，她主政后，西北边境出现大量屯田，边防要地的农业生产受到武则天大力支持。这个实边政策，在国防上收到颇佳成效。

综上所述，减少远戍、屯田边防、多建友邦就是武则天得势初期的主要外交策略。三者相辅相成，基调就是以和为贵。

也有一些史家认为《建言十二条》不过是难以实现的高调。但也有一些人认为，评价一个政治纲领的优劣，看的是它是否把握准了时代的症候，同时提出了适合的医治理论，而不在于是否开出了具体的药方。《建言十二条》正是武则天从唐朝当时的"软肋"——边境战事加重人民负担，均田制、府兵制等社会基本制度开始出现危机这一现实出发，提出的富国强民的政纲。

尽管《建言十二条》不过百余字，但的确是"谋略之智，治国之纲"。

第六节　二圣临朝

据史书记载：上官仪被杀后，高宗将政权拱手让给皇后，群臣朝贺、四方上奏时，都称"二圣"。从此以后，群臣举目上望，帘子后边还坐着一位比皇帝更有权威的人物！《资治通鉴》中写道："天下大权，悉归中宫，黜陟、杀生，诀于其口，天子垂拱而已。"

麟德二年（公元665年）是武则天政途上的重要一年。在这一年，她挫败了宰相上官仪企图影响高宗废掉她的阴谋，并且从此和高宗并称"二圣"，高宗每日视朝，武则天垂帘于后，大政由二人共决。

王皇后、萧淑妃被处死后，后宫中无人可以取代武则天的皇后地位，但夺宠的人还有，这就是她的姐姐韩国夫人和外甥女魏国夫人。外间传闻韩国夫人及其女贺兰氏越来越受到高宗的宠爱，武则天妒意大发，在击败了王、萧二人之后已再难容忍，于是在麟德元年（公元664年）前后，秘密将韩国夫人处死。武则天对高宗生活上的过分限制，引起了高宗的不满。史称武则天在稳固皇后地位以后，志满意得，作威作福，无所顾忌。而高宗则表现得懦弱寡断，一举一动都受到武则天的限制，高宗流露出了想废除武则天的念头。

上官仪为陕州（今河南三门峡）人，按当时的政治地理概念，属于关陇圈的人物。其父上官弘为隋江都宫副监，后在宇文化及谋杀隋炀帝的弑逆事件中被杀。幼小的上官仪侥幸逃生后，私度沙门，在佛寺中受到了良好的文化教育，不仅精通释典，还兼涉经史，善于文章写作。贞观年间获得进士出身，一度成为太宗的文学侍从。高宗长子李忠为陈王时，他曾任王府洛议参军，与宦官王伏胜同在陈王府供职。李忠后被立为太子，不久又被武则天的长子李弘所取代，上官仪当时名位不显，未受冲击，但上官仪对武则天的一系列举措深表不满。王伏胜为高宗找到了一个废皇后的借口，即武皇后引道士郭行真出入禁中，尝为厌胜之术，祈求非分之福。王伏胜将此事告诉高宗后，高宗盛怒之下，密召上官仪入宫商议。高宗透露欲废武则天为庶人，上官仪乘机附和道："皇后专恣，海内失望，宜废之以顺人心。"于是高宗让这位号称"大手笔"的宰相亲自起草废除皇后的诏令。

事件在极短的时间内便被解决了，这又是宫内严密的情报网起作用的结果。探知情报的人见势不妙，急忙告诉武则天，武则天当即赶到。这时上官仪刚离开，诏书墨迹未干，还捏在皇帝的手里。唐代的诏书由中书省官员或皇帝指定之人起草后，还必须经过门下省的审核，通过以后重抄一份，加盖印鉴后才能生效，往下颁发。现在诏令还在皇帝那里，只是一份尚未生效的"诏草"。武则天情急之下也深感几分庆幸，如果诏令下颁，自己纵有无边法力也难以翻天了。

武则天半是恼怒、半是委屈地一番申诉之后，高宗软下心来，之后，又与武则天和好如初。在武则天的追问下，高宗忙说："我初无此心，皆上官仪教我。"把一切责任都推到了上官仪身上。上官仪和王伏胜错误地估计了形势，他们自己在朝中本是势孤力单，缺乏根基，而武则天早已控制了内廷，后宫也没有可以取代其皇后地位之人。所以，他们转眼之间成了皇帝惧内的牺牲品。

武则天杀上官仪的罪名是，上官仪和王伏胜与废太子李忠谋大逆。根据唐朝刑律，谋大逆是指谋毁宗庙、山陵及宫阙，是对皇帝发泄怨恨和恶性报复，属"十恶"重罪。**麟德元年（公元664年）十二月丙戌，上官仪与其子庭芝、王伏胜皆下狱而死，女眷没入后宫为奴婢。**

从这以后，武后的统治也公开化了。史书记载说：自从诛杀了上官仪全家后，高宗每次上朝，武后垂帘于御座后。上官仪事件前，皇帝还有和大臣单独接触的机会，而在事件之后，这种机会就几乎没有了，所有视朝活动都在武后严密监视下进行。高宗已经无能为力，因为羽翼都被剪除了，再也没有一个像韩瑗、来济遇事能够劝阻的人。朝廷上没有提出异议的声音，无须制服不肯妥协的人，没有一个人敢向武后说声"不"。

上官仪事件有承上启下的作用。自承上方面看，这是武则天的又一次反复辟斗争。此后她的皇后地位终于稳固了，朝中反对武则天的关陇贵族一派人，再也没有做过复辟的尝试。自启下这一方面看，事件为武则天的全面夺权打下了基础。

武则天又一次化险为夷。在几十年的宫廷生涯中，武则天有过多次危险，甚至是灭顶之灾，也许是命运之神的青睐，更主要的是武则天为斗争做了多年的准备和铺垫，她在风浪中一次次地走了过来。而在每一次风浪之后，她获得的是政治斗争的信心和经验，在自己奋斗的征途中再上一个新台阶。

武则天在政治上取得了如此重大的胜利，便想在人们的心中留下深刻的印象，加以庆祝。什么样的礼仪能承载如此厚重的胜利呢？武则天想到了古代意义最深远、最隆重的封禅典礼。

泰山封禅在战国时已有议论，齐鲁有些儒士认为五岳之中，泰山最高，帝王应到泰山祭祀，登泰山筑坛祭天曰"封"，在南梁父山上辟基祭地曰"禅"。仪式象征性地对天地宣告，皇帝在人世的任务已胜利地完成。但此种祭祀活动要耗费大量人力财力，需要相应的国力才能进行。越是难办的事就越显得神圣，因而泰山封禅就成为皇上有德、天下大治时才能举行的盛典。自上古至唐，只有秦始皇和汉武帝举行过这种大典。贞观六年（公元632年）时，文武官员力主封禅，太宗内心里也很向往，无奈魏征力谏，认为国力不够，不应"崇虚名受实害"，太宗乃止。当时太宗回答诸臣之请说："照我个人看来，如果百姓安居乐业，衣食丰足，虽不封泰山，也不失为一个有道明君。设若天下混乱，百姓遭受战乱之苦，贫困无以为生，虽然举行封山大典，也不足以粉饰太平。晋武帝统一中国后，自己心满意足，趾高气扬，曾举行封山大典，但在人们心目之中，他仍是一个无道昏君。"

武则天比起太宗来更为自信，对国库不甚顾虑。那几年唐朝在边境战争中连连获胜，社会生产也稳步地发展，唐朝的国力达到了前所未有的强盛。这是太宗时代打下的基础以及高宗君臣努力的结果。在这种背景下，武则天自以为天下大治，经济繁荣，万邦悦服，应举行这一盛典。在一个以礼为最高目标的国度里，封禅这样最高级别的礼仪活动，是展现最高统治者政治威信和风采的最佳时机。它可以显示大唐的声威，显示她和高宗的政绩，还可以让天下百姓知道她的功劳。唐朝官方的史书上记载说：高宗即位，群臣多次上书请求封禅，而武则天立为皇后以后，又在暗中赞助其事。麟德二年（公元665年），武则天一提出封禅，百官竞相呼应。于是，朝廷下诏派司空李勣、少师许敬宗、右相陆敦信、左相窦德玄等为主校封禅使，着手准备并议定礼仪。

这一年，高宗君臣赶赴东都洛阳，为封禅做准备。这是大唐开国以来第一次封禅大典，因为几百年来没有举行，祭祀的具体形式基本上已被遗忘，需要讨论和决定。武则天更在盘算着如何捞取更多的政治资本。在议定礼仪中，武则天发现按旧礼没有她祭祀的位置。按旧制，祭天以皇上为首献，亲王为亚献，大臣之中有德高望重者为终献。祭地由皇上为首献，皇太后为亚献，而且皇太后为亚献是名义上的，表示一下而已，由公卿实际进行。尽管没有妇女参与的先例，但武则天认为，既然当今没有太后，自己应该代为亚献。麟德二年（公元665年）十月，她向高宗上表说：根据传统的封禅礼仪，祭地的时候，以太后昭配，却由公卿大臣来主持，这样的礼规实在是未见得妥当。这次典礼，妾请率内外命妇奠献。于是高宗下诏，决定在祭地皇之时，由武皇后为亚献，太宗嫔妃中仅存的越王贞之母、越国太妃燕氏为终献。武则天将在封禅大典上亮相，她将率领嫔妃及皇族亲眷作为第二队，表示她具有与皇帝平起平坐的地位。这是武则天走向政治前台的重要步骤。

从京师出发至泰山有很远的路程，高宗带着文武大臣提前两个月向泰山进发。一路百官、六宫随行，车驾云集。闰三月抵东都，在这里汇集各地官员。十月丙寅，车驾再从东都出发，向东行进，从驾文武百官、仪仗队，数百里绵延不绝。对外战争的胜利使得皇帝率领的封禅大军中还有突厥、于阗、波斯、天竺、倭国、新罗、百济、高丽等诸国酋长，各率其属扈从，毡帐及牛羊驼马，填塞道路。晚上列营置幕，覆盖了大面积的原野，场面非常盛大。

十二月底，车驾到达泰山脚下。当地官员早已做好了准备，只等圣驾来到。他们在山南筑起了圜坛，直径十二丈，高一丈二尺，为放置亲封玉册、祀昊天上帝之用。在圜坛上覆盖青色土，四方覆盖赤、黄、白、黑四色土，合为五色土，号为"封祀坛"。山上也建一圜坛，土以五色，高九尺，直径五丈，四面各设一阶，号"登封坛"。于社首山上，筑一坛，坛分八面，每面皆有陛阶，各如方丘，上以黄色土覆盖，周围以赤、青、白、黑四色之土覆盖，称为"降禅坛"。

麟德三年（公元666年）正月初一，高宗主持了祭天大典，亲祀昊天大帝，以高祖、太宗配享。当日事毕登山，次日封玉册于登封坛。初三，在社首山祭祀地神。武则天和越国太妃在社首山主持了祭地皇典礼。高宗初献完毕，执事人等退下，由宦官执着帷幕，武则天率内外命妇上山登坛亚献，越国太妃终献。史官说武则天率六宫登山行礼时，歌舞者皆用宫人，五彩缤纷。初四，高宗登上朝觐坛，接受朝贺。文武百官、中外使臣奉献贺礼，仪式如同正月初一的节礼那样隆重。皇帝又宣布大赦天下，改麟德三年为乾封年号，并给文武三品以上官员赐爵一等，四品以下加一阶。

为了庆祝改帝名、换装和大赦，高宗、武则天举行了隆重的国宴，以招待换上了新式官服的文武大臣们。高宗和武则天登上了含元殿东边的翔鸾阁，频频劝百官举杯。

乾封元年（公元666年），泰山封禅后，朝廷面临的最大任务就是对高丽的战争。当年四月，高宗一行回到京师，五月，高丽内部矛盾爆发，失利的一方向唐朝求援。六月，朝廷派左骁卫大将军契苾何力出兵辽东。十二月，又派老将李勣为辽东道行台大总管，全权指挥对高丽的战争。

由于战争的需要，宰相班子也频繁调整，武则天似乎丝毫插不进手。封禅大赦令中规定，被判为长流的罪人不在赦免之列，不得放还。李义府正是长流的罪犯，得知这个诏令之后，他一气之下，忧愤而死，这使担心他再度入朝掌权的朝士们大大松了口气，武则天对此也无可奈何。这一年，随着几位老宰相的辞职和病故，具有军事才能的刘仁轨被提拔为宰相，任右相（中书令）。刘仁轨曾经在显庆元年（公元656年）担任给事中时，负责审查帮助李义府枉法占有囚妇的毕正义，得罪了李义府，被贬出去担任青州刺史。显庆五年（公元660年）征辽东时，他以青州刺史监统水军，李义府强令他逆风浮海运粮，结果翻船。李义府派人审查，并对高宗说："不斩刘仁轨，无以谢百姓！"当时有人替他说了句公道话，他才免于一死，以白衣平民的身份从军立功赎罪。封禅泰山时，刘仁轨带领新罗、百济、耽罗、倭国等东方四国的酋长前往赴会，高宗大喜，提拔他为大司宪（御史大夫）。高丽战事后，高宗便提拔他为宰相。

战争未在短期内结束，以后的几年中武将在统治核心中占优势地位。咸亨年间（公元670年~673年）的宰相主要有由兵部尚书入相的侍中姜恪、屡建战功的刘仁轨和痴于丹青的阎立本等人，还有戴至德、张文瓘、郝处俊、李敬玄等人。后几人都有一定的资历和声望，非武则天所能左右。例如张文瓘以敢于进谏著称，他性格严正，诸司奏议，多所纠驳，深得高宗的信任。赵仁本也是敢于拒绝许敬宗请托的人。

咸亨三年（公元672年）二月，姜恪在镇守河西的职位上去世，从高丽前线回来后已因病退休的刘仁轨被召回，征拜为太子左庶子、同中书门下三品，成为对战争国策起主导作用的宰相。武将在朝廷中占优势，导致了文士出身的大臣力量有所削弱，这对武则天是很不利的。毕竟武则天在战争事务和军人集团中插不进手。而武则天的盟友李勣和许敬宗分别在公元669年和公元672年去世，这更使武则天处于不利的局面。

武则天要摆脱宰相，除了安插自己的亲信、建立第三权力中心等策略外，就必须在政治体制上做一些变革，通过调整制度来达到控制人事的目的。那么，政治制度为什么限制了武则天独揽大权呢？

根据唐朝的制度，各类奏事的表状和以皇帝名义签发的诏敕，都要经过门下和中书两省的传递、起草、审查、署名，宰相对重大事件有至关重要的发言权。两省办公的衙署位于宫禁之内，离皇帝很近，形成了对皇权行使过程中的有效监督。而现在，也就成了对武则天插手朝政最大的制度上的障碍，武则天要想办法改变这种状况。于是，发生了龙朔三年（公元663年）四月的移宫事件。

此前的政治中枢在大内，即由隋朝大兴殿改名而来的太极殿，为皇帝起居、上朝和百官办公之所，中书、门下两省决策机关居于禁内。武则天为了摆脱两省官员及宰相的干预和控制，决定将权力中心迁出去。她看中了太宗为太上皇李渊修建避暑用的大明宫。龙朔二年（公元662年），武则天以高宗患有风湿病，而太极殿又低洼阴湿为由，下令修葺大明宫，并改名为蓬莱宫。龙朔三年四月，诸门、殿、亭全部完工，高宗的宝座、仪仗、礼器全部移至蓬莱宫的含元殿。四月二十五日，高宗正式在蓬莱宫内衙正殿——紫宸殿听政。

建一座宫殿，换一个地方，能起到调整制度的作用吗？这还要从唐朝皇城和宫城的布局说起。唐代长安城和洛阳城都有宫城和皇城。宫城在北，皇城在南。宫城为皇室居住之所，皇城为执政官署所在地。宫城的皇室控制皇城的政府，皇城的政府则统治包括外郭城在内全国各地以及和域外的交往。这样的安排布置虽非隋唐两代首创，隋唐两代却也有所增益。前代宫署之间，往往杂有民居，隋文帝以为不便于民，于是皇城之内唯列府寺，不使杂人居住，更显得统治的威严。

唐中枢三省并立，中书、门下掌管皇朝政令的制定和颁布，尚书则司执行。职务不同，三省的衙署也就不必皆在一处。长安城内的尚书省在皇城承天门街之东第四横街之北。门下外省和中书外省分别在承天门街之东第二横街之北和承天门街之西第二横街之北。门下省和中书省实际上是在宫城之内太极殿前的东西两侧。而太极殿则为帝王听政视朝之所，门下省和中书省设在这两殿之前。

大明宫建成后，大明宫称为东内，宫城称为西内。实际上大明宫已取代宫城成为皇朝政治重心的所在。当大明宫未建之时，每当万国朝贡使者、"四夷"宾客觐见之时，帝王在宫城太极殿前的承天门受礼。大明宫成为政治重心后，这样的朝仪也就转到大明宫含元殿。王维的《和贾舍人早朝大明宫》诗有句"九天阊阖开宫殿，万国衣冠拜冕旒"，显示出大明宫一派雍容大方的景象。

这次移宫的最大一个改变就是中书、门下两省不再在禁内，宰相议政和两省处理奏章等，都已被迁到了禁外进行，这是唐代中枢结构的一个重大改变。这样，宰相的权位大为降低，皇权得以扩张。

从武则天移宫，可以看出她调整制度的一个大思路——在国家大政方针的决策上，削弱宰相的参与权力，把谋议从外朝转入内廷，即权力的由外向内收拢。这种思路和做法，在高宗去世后，武则天仍继续运用，于弘道元年（公元683年）移政事堂于中书省。

唐太宗在位时，为了保证君权的专断，又防止因专权而害政，并防止臣下间为争权而误国，完善了三省分权制。由中书省出旨，尚书省奉行，门下省封驳，类似于决策、审议、执行。一切重大政务"皆委百司商量，宰相筹划，于事稳便，方可奏行"，表状在奏达皇帝之前，要经过宰相的审议筹划，皇帝只是批准或否决，否决之后仍然要由宰相大臣或皇帝与宰相大臣一起商量处分，皇帝并没有独立于宰相之外的决策机构，君相在决策程序中处于一种一体化的格局之中。

武则天时期，随着国家新事务的不断出现，百官上于皇帝的议、表、状等论事文书大量增加。中枢体制发生了重大变化，就是由宰臣总括百官所议上奏。在这里，宰相对百官的议状没有参谋筹划权，只是汇总，经过中书省进奏交由皇帝裁决。宰相在议政决策方面的权力大为下降。

出现这种变化的原因,一方面是由于在国家体制的转型时期,面对纷繁复杂的形势,需要更加集中的权力;另一方面,也与武则天争夺决策控制权有关。显庆五年(公元660年)十月,"上初苦风眩头重,目不能视,百司奏事,上或使皇后决之"。这是谋议转入内廷参决的开始,也标志着皇帝与宰相在决策程序上开始分离。其后,随着高宗的身体每况愈下和武则天在政治上的成熟,武则天以皇后的身份直接参与政务的裁决,形成了"百司表奏,皆委天后详决"的局面。但是,武则天不满足于此,她是个威权独断的人,不能容忍宰相分割君主的权力。她要进一步调整制度,完全控制宰相。

三省制下,门下省因为审驳奏抄,与尚书省的关系较为密切,而中书省因为起草诏敕,与皇帝关系较为密切。随着国家事务的增加,同时也是出于武则天控制朝政的需要,皇帝专权的加强成为必然,而皇帝在决策上权力的集中,自然使得中书省的重要性提高。

弘道元年(公元683年),高宗去世后,裴炎由侍中迁中书令,认为中书令执掌首席宰相的权力,宰相府署政事堂应设在中书省,于是政事堂移至中书省。中书令在政事堂中居于主导地位,破坏了三省之间的制衡机制。

移政事堂于中书省,标志着三省制的破坏。改政事堂为"中书门下",则标志着决策行政合一的新中枢体制的形成。三省长官都是宰相,政事堂只是作为宰相议事的一个办公室。中书门下作为宰相府署超于三省之上,成为决策行政合一的机关。至于尚书省,在这种体制下,唐初裁决政务的权力被中书门下取代,中书门下直接执行皇帝的命令。决策和行政合一了,三省变成了两省。尚书六部职权渐失,尚书都省成为纯粹勾检文案的收发机关。同时,门下省、联络中书省、尚书省的枢纽地位也丧失了，再加上封驳权的丧失，在体制上失去了对君权的制约。这样，君相关系在武则天时期发生了根本性的变化。

中书省权位的提高，并不说明宰相权力的加强。因为中书省内的中高级官僚中书舍人侵夺了决策程序中原本属于宰相的权力。百官的表、状等上达中书省，由中书舍人分工进行押判，提出初步的处理意见，其余舍人同押连署后进呈于皇帝。这使得中书舍人与作为首相的中书令之间的距离在扩大，其作为中书令属官的性质有所改变。

武则天一方面削夺了唐初时沿流下来的宰相与皇帝共同决策大政的权力，大权独揽；另一方面又打破旧有的三省体制，取消门下省封驳皇帝已做出的决策和命令的权力，将尚书省的主要权力交给中书门下，抬高了中书令的地位，以便于执行皇帝的决议。武则天还大大加强了中书省中中书舍人这种级别不高官员的职权，让他们在参决政务上发挥实质性作用，制衡中书令的权力。在这个精密的权力机器中，武则天居于中心，以心使臂，以臂使手，操纵着庞大的机器运行。

由于宰相机关逐渐沦为皇帝的秘书机构和纯粹事务性机构，相权对皇权的制约机制被彻底破坏。在这种情况下，宰相的权力全在于皇帝的临时授予，而不是来自制度的规定。

武则天能揽住大权，和她通晓典章制度，明晰制度的利弊而为己所用分不开。范文澜先生曾将唐代的三位最有成就的君主做了比较，认为唐太宗经常以"守成难"和"慎始慎终"来警戒自己，是位虚心谨慎之主；唐玄宗早年是励精图治之主，晚年却以骄侈心代替了求治心，在三人之中，弱点最突出；而武则天则始终执持权柄，权不下移，是位专断之主。

武则天在政治上的能力初见端倪，她轻而易举地击垮了上官仪的阴谋，成为与高宗并列的"二圣"之一。她通过封禅仪式和修建大明宫，渐渐地揽住了大权。

第七节　天后专权

　　上元元年（公元674年），是武则天政治生涯中里程碑式的一年。在这一年，高宗称天皇，武则天称天后，第一次用了"天"的字号。

　　武则天在当上皇后到高宗去世这段时间的临朝情况，是一条攀升的曲线。在武后初为皇后的十年，高宗是日日临朝，武后临朝只是偶然。在中间十年，从麟德元年（公元664年）到咸亨四年（公元673年），高宗与武后是同时临朝，武则天在称呼上再升一级，与高宗并称"二圣"。在后十年，从上元元年（公元674年），高宗称天皇，武后称天后。武则天是日日临朝，高宗临朝成为偶然。

　　当武则天还是昭仪的时候，她与高宗在一起，总问起朝廷里的事，了解朝中各位大臣在朝中所处的地位、籍贯和升迁过程、学识才干与个性喜好。朝中大臣多在先帝时就已居高位，他们功高位尊，大多又都曾担任过他的师傅与太子宫官员，高宗对他们很尊敬，逐渐养成了一种言听计从的习惯。武则天鼓动皇上设法建立自己的威仪，不能事事听命于大臣，应像先帝那样广听兼纳，形成自己的见解，这样大臣们方能对他心服口服。高宗既愿意谈朝廷里的事，也愿意听取武则天对朝政的分析。高宗越来越觉得武昭仪是他的好帮手，而且她对朝政的种种分析很有道理。

　　巩固了皇后地位的武则天，并不满足于仅仅在后宫给皇帝做个贤内助。事实上，几年来在废王立武斗争中掀起的政治波澜和社会变革，已使她不能止步了，武则天有信心成就更大的事业。在高宗生病的这段时间里，武则天参决政事的程度视高宗的身体状况而定。

显庆五年（公元660年）十月是皇后夺权的一个新的起点，从这时起，权力就一点一点地落入武则天手中。史载：从显庆五年以后，高宗苦于风眩，表奏时常让皇后详决。高宗委托武皇后处理部分政务，自此，武则天"威势与帝无异"。高宗为什么从显庆五年以后委托武皇后处理部分政务呢？主要是高宗得了一种叫风疾的病。什么是风疾呢？《资治通鉴》中记载："苦风眩头重，目不能视。"有人推测高宗可能是得了高血压、高度近视及精神衰弱之类的病，总之难于根治，易于复发，重在调养。因为这种疾病易复发，发作起来非常痛苦，所以高宗需要有人协助他处理部分政务。由于武则天早已显露出处理朝政的能力，已经成为高宗的得力助手和顾问，因此，高宗把政务更多地交由武则天处理。按儒家的"女主内，男主外"的训诫，这种做法是不合礼法的，但高宗信任武则天，而武则天又有此种爱好和兴致。加之武后才37岁，精力充沛，正好弥补高宗体弱的缺陷。武后并没有把大权一下子抢过来，大权是从高宗手里轻轻滑落的。武则天渐渐参与朝政，与众臣议事，意见表达得条理清楚，结论下得坚定不移。在这方面，她的确很有能力。

一旦身体好转，高宗又亲自批答奏章了。不过，由于武则天有着丰富的政治阅历，又多智计，经她处理的事情，高宗也很满意。于是，武则天参决政事的机会越来越多。公元657年，由于生病的原因，高宗被迫到离宫休息，只能隔日上朝一次。公元660年十月以后，高宗得了一次严重的中风，致使他一度局部瘫痪，而且视力严重衰退。后来，虽然他康复了，但仍有几次严重的复发。武后运用自己的精明和锐利的政治敏感，在皇帝几次患病期间，治理帝国十分顺手。

夺取了一部分权力的皇后，对皇帝采取了一种管制的态度，甚至钳制皇帝。高宗的婚姻生活被武则天涤荡得干干净净,武则天认为女人太多,会损害皇帝的健康,六宫制度必须改革。于是,皇妃、昭仪、婕妤、才人、美人都取消了,但是为维护帝王之尊,妃嫔在数目上减少,职务也另予规定,成为辅佐圣德的女官。武则天创立了一个新制度,削减嫔妃的数目,将皇妃改为二人,名叫"赞德",官居一品;二品者四人,名叫"劝义"。这几个女官,都要劝导皇帝,使皇帝居德由义。其他各宫女也各有所司,卧房婢女的任务,是照顾衣橱,登记礼品,传达命令,跑零碎差使。高宗在皇族弟兄眼中,成了可怜的人。

高宗的病日益严重,对国家大事也日渐放手不管。咸亨四年(公元673年)八月,高宗又患了疟疾,让太子李弘处理政事,接受诸司上奏的报告。

高宗死前,太常丞李嗣贞曾说:"现在的祸端还远远没到头呢,皇上不亲理朝政,事无巨细都由皇后决断,把权力给了人,要收回就不容易了。"尚书左丞冯元常也曾密言:"中宫威权太重,宜稍抑损。"高宗认为他们说得都对,但已回天无力了。武则天从当上皇后起就一点点抓权,最终形成了天后掌权的格局。久在高位,使她养成了威权独断的性格。同时,权柄抓到手仿佛骑上老虎背,如果退下来,可能反被虎咬。

上元二年(公元675年),高宗突然产生了让位皇后的意图,这在封建社会是极为罕见的。什么原因呢?情势所迫。武则天已在宫内及外廷布下了一张严密的网,皇帝被架空了,他甚至和大臣单独会面的机会都没有,所有活动都在天后严密监视下进行。四顾茫然,不见可信赖的人,才有让位的念头。

王夫之在《读通鉴论》中说:"高宗在位三十四年,尚书令、仆左右相、侍中、同平章事皆辅相之任，为国心膂者也，乍进乍退，尸其位者四十三人，进不知其所自，退不知其所亡，无有一人为高宗所笃信而固任者，大臣之贱，于此极矣。"《读通鉴论》认为，国君必须有所依靠才能立得住。这种依靠就是忠君体国的大臣。而高宗在位时间虽长，宰相班子里也颇多君之股肱、国之心腹的大臣，但是，高宗在武则天的摆布之下，自剪羽翼。那些大臣忽升忽贬，不知所措，结果没有一个人能成为高宗的心腹之臣。君主轻贱大臣，做大臣的，也视朝廷为晋身之阶，把君王当成陌路人，哪还有什么忠心可言？结果，外朝的阵地就被武后一点点地占领了。

不但没有亲信的大臣，连亲属也在被猜忌之列。上元二年（公元675年）四月，武则天杀周王显妃赵氏。《资治通鉴》记载：左千牛将军赵瓌娶了高祖女常乐公主，生下一女为周王显妃。高宗对常乐公主优礼有加，武则天厌恨她。辛巳日，周王显妃被废，幽禁在内侍省，连饭菜都给生的。周王显妃几天没有出来，打开门一看，连尸体都腐烂了。

皇帝被孤立了，被架空了，产生了逊位于武后的想法。虽然最终被中书侍郎郝处俊等谏阻。但武则天绝不会因为逊位之议的消歇而止步，而且恰恰是这次事变，使她萌发了做皇帝的心思，她将为了这个目标继续奋斗！

夺取权力，有时需要大口鲸吞，有时小口蚕食更有效。一点一滴地剥蚀权利，更不引人注意，等到对手醒悟过来，已经大权在握了。高宗手中的权力，就是一点一滴地从指缝里漏到武则天手中的。

要稳固自己的权力，就要建立自己的利益集团。武则天深深地明白这一点，所以，从她当上皇后以后就多方扶植自己的势力。随着她的几个心腹干将的去世，为了进一步扩大自己的权力，武则天急需寻找得力的心腹干将，形成自己的势力集团。

总章二年（公元669年），武则天的战略盟友李勣去世。咸亨三年（公元672年），她的臂膀之一许敬宗也去世了，终年81岁。也许，早在几年前，武则天就感觉到自己的心腹年龄太大了，在日益增多的问题面前显然力不从心。李义府在龙朔三年（公元663年），因为太过骄横，连高宗都难以容忍了，将他革职除名，流戍边远地区。武则天的党羽有凋零的趋势，而且，这种单个的亲信，力量不容易整合，在外朝不容易形成更大的势力，需要将其集团化。

武则天时代是中国古代政治经济制度的分水岭，大量新制度出现，政府事务大量增加，需要统治者决策的政事也日益增多。大量的章表奏疏让健康欠佳的高宗批不过来，兼涉文史的武则天也同样不可能包揽。武则天最需要的是一批辅助决策、起草诏令的智囊人物。而且，李勣和许敬宗的去世，使武则天依靠的政治力量削弱了，武则天以皇后身份参政，不便于控制外朝，她需要将党羽转向内廷私臣。于是，她将一些文学之士召入内廷，让他们以帮助皇后撰著的名义，实际上是帮助参决政务、起草诏令。这些人的官品都不高，最初也未有名号，人员也不固定。直到乾封元年（公元666年），她特许一批才学俱佳的文人从北门（玄武门）出入禁中，这些人开始称为"北门学士"，实际上就是武则天的写作班子。当时知名的北门学士有范履冰、苗神客、周思茂、胡楚宾等人。

上元年间，武则天皇后地位稳固后，就把刘祎之、元万顷等人从岭南召回，为夺权做准备。他们后来成为著名的"北门学士"中的首脑人物。上元元年（公元674年），武则天升为"天后"四个月，她就在这批人的协助下拿出了治国的政纲《建言十二条》。

此后近二十年，北门学士一直是武则天个人的重要工具。北门学士不仅帮助武则天分割皇权和相权，还是她的智囊团。皇后已经懂得了宣传的妙用，永徽废立皇后的关键时刻，许敬宗在朝臣中散布的"田舍翁娶妇论"，就帮了她很大的忙。当时许敬宗说："田舍翁积得十斛麦，尚欲换却老妇归，况天子富有四海，立一皇后有何不可？关诸人何事，妄生异议？"意思是说：农村老汉攒了十斛麦子，还想换个老伴，何况一国之君，立个皇后算什么？关别人什么事。这种"家事论"成为挺武派的重要理论依据。比之废立皇后，全面夺权是一项难度更大的工作，将刘、元等召回，委以宣传重任，是当务之急。

北门学士逐渐受到重用，帮助武则天参决政务。但是，这些人毕竟资历太浅，而且属于临时性的法外授权，在一些关键问题上起不了作用。所以，武则天在重用他们的同时，还着手培养新的亲附于己的政治力量。

武则天做了皇后以后，逐渐参与朝政。对于权力，武则天有一种近于疯狂的崇拜与痴迷。她想更进一步跨到幕前来，龙飞九五，做一个真正号令天下的君王。但大臣们和整个社会从伦理纲常的角度出发，一时也难以接受一位女性帝王。武则天要反击所有可能的挑战，树立个人权威，巩固自己的地位，必须要在朝中寻找或培养一批能够死心塌地为她效命的政治党羽。但她举目四望，真能和她同心共体的人很少，她把目光放在了武氏宗亲上。因为诸武子弟从亲缘上与武则天是同姓宗亲，而且武则天革唐建周，诸武也因此自谓"武氏当有天下"，欢欣鼓舞，拥护武则天自然不遗余力。诸武便成为武则天打算任用的首要人选。武氏家族第三代的代表人物武承嗣正是在这样的背景下被从岭南召回的。武则天召回武氏家族的成员，把他们培养成自己争权夺势的坚固后盾，她的势力集团越来越强大了。

权谋家夺权，不可能事事自己都冲在前面，需要有一班人马为其效命，有出谋划策的，有组织协调的，有做舆论宣传的，有白刃上阵的，他们共同构成一支起家的基本力量。这些人大多是因为富贵驱使才以死效力的。武则天是一个善于变弱为强的人，在夺宫阶段，她使用的有效方法便是收买党羽。

经过二十多年的奋斗，武则天终于从皇后成为掌握朝政的"天后"。她不再是任由对手排挤的弱者，她培植出了属于自己的势力集团。

第三章

変局

第一节　天皇之死

弘道元年（公元683年），高宗驾崩。

高宗的遗嘱并未授予武则天临朝称制的权力，关于武则天的权力，他说了一句话："军国大事有不决者，兼取天后进止。"尽管她有政治导师的地位，但新皇帝只有对那些拿不准的问题，才"兼取天后进止"。遗诏对她已有的权力作了幅度甚大的限制，这对于习惯了掌握大权、政由己出的武则天来说是不能忍受的。但她的权力来源于君权，高宗有此遗诏，她一时没有办法。

在这时挽救武则天的是裴炎。中书令裴炎这位全朝唯一的顾命宰相，在天皇死后三天——十二月七日，即太子在枢前即位的第二天上奏，以为嗣君尚未正式受册为皇帝，也未听政，未应发令宣敕，故请宰臣奏议，望宣"天后令"于门下施行。按大唐先例，先帝死后，太子是可以在册受加冕之前发令宣敕、行使皇帝权力的，裴炎此奏实是多此一举。这道奏议所请，除了无前例可援之外，还有一个致命的缺点，即是不理"军国大事有不决者，兼取天后进止"的遗诏，"宰臣奏议，天后将令于门下施行"。这时中书令裴炎是唯一的顾命宰相，是门下省的长官，且宰相团议政的"政事堂"也在门下省，所以他一人发出了此项号召。此举实在大有问题，若非讨好天后，想拉拢武则天为己用，就是轻视了天后，以为一介女流好控制。

这是意外的天赐良机！由于裴炎的主动奏请，武则天终于正式单独取得了摄政权。所以太子李显在十一日正式受册嗣位后，天后被尊为太后，但武则天并未因嗣皇帝丧满而还政，而是顺着裴炎所请，径行扩大为自我专权。

若说裴炎讨好武则天，则是因为他内心中也有企图，想借武则天之手实现。裴炎集团有一个不成文的政治纲领，那就是拥立李旦为皇帝。而要拥立李旦，则必须把李显弄下去。现在李显刚刚即位，他的亲信人物并不处于掌权地位，正是废除他的最好时机。而对于武则天来说，她要实现临朝称制，皇帝李显也是最大的障碍。因此两伙人有了共同的利益和目标。

武则天和裴炎较早的合作是在永隆元年（公元680年），裴炎参与了废太子李贤的活动。第二年，他们又共同阻止劲敌裴行俭入相的步伐。

永徽六年（公元655年），裴行俭听说李义府上了改立武则天为皇后的表章后说："国家从此不得安宁了！"武则天知道后，将裴行俭从长安令贬为西州（今新疆吐鲁番）都督府长史。此后，他长期在最重要的国防前线——河西陇右地区担任军职。先任西州都督府长史，麟德二年（公元665年）做到安西都护，使西域各国纷纷归降。总章二年（公元669年）以后，裴行俭做了吏部侍郎，主持选官十余年，安排了不少亲信。上元三年（公元676年），吐蕃背叛，裴行俭再度挂帅出征，先后任洮州道左二军总管、秦州镇抚右军总管。

仪凤二年（公元677年），十姓突厥再次向唐朝在西域的据点发起进攻，并且和吐蕃联合，向安西侵逼。这是唐朝在西域受到的最严重威胁之一，许多人都认为须发兵讨伐。但熟悉西域情况的裴行俭觉得硬拼硬打无济于事，于是主动请战，以安抚大食使的身份册送波斯王回国为名，设计擒获了闹事的突厥首领。回京后，高宗当庭表扬了他，还当即任命他为礼部尚书兼检校右卫大将军。当时的左卫大将军由英王李显挂名，裴行俭实际成为总管京师宿卫部队和野战部队的军队最高领导人。

仪凤四年（公元679年）冬天，今内蒙古呼和浩特一带的突厥部落又发生叛乱，匈奴的单于管辖的24个州也造反以响应他，达数十万人。刚从西域归来的裴行俭又一次挂帅出征，任定襄道行军大总管，指挥唐朝历史上少有的一次大规模战争。永隆元年（公元680年）三月，裴行俭在黑山打败了突厥主力，胜利回师。

永隆二年（公元681年）正月，突厥趁裴行俭回师之机再次起兵反叛。裴行俭带兵征讨，用计降伏了突厥伪可汗阿史那伏念及其酋帅阿史那德温傅，完全平定了突厥余部，高宗对他大为赞赏。

当时由于战争形势依然紧张，军将大多在外，尽管宰相之中已无军将，但以裴行俭为首的军人集团实力大增。在永隆年间的战争中，裴行俭提拔的刘敬同、程务挺、张虔勖等人都成为一时名将。后来程务挺、张虔勖分别做了左右羽林军的统帅，在武则天废中宗的时候勒兵入宫，发挥了重要作用。裴行俭提拔起来的另一名骁将黑齿常之，在永隆年间担任左武卫将军，后来在武则天镇压徐敬业的叛乱中也起到了重要作用。当时裴行俭的态度足以代表军界动向，由他提拔起来的著名将领、时任刺史、将军并实际领兵的就有几十人。他们都是忠于李唐皇室的，并不是武则天的亲信。

此时的宰相班子以侍中裴炎为首，全部是文士。他们不愿意再让军将入朝为相。所以当高宗对裴行俭大加赞赏并遣使慰劳之际，裴炎为高宗泼了一盆冷水："阿史那伏念的投降是由于受到程务挺、张虔勖属下部队的逼逐，加上漠北的回鹘等力量又一起向南逼近，是窘急而降，而非裴行俭真的有那么多神机妙算。"而一个将军任宰相班子也不是武则天愿意看到的，她也积极赞成裴炎的意见。高宗因此取消了为裴行俭记大功的念头，裴行俭入朝做宰相也就无望了。不久，裴行俭忧愤而死。

在高宗死后的权力交接过程中，裴炎集团起了极为重要的作用。当时，武则天可以从武氏家族中挑选人物。但要他们干这种事却不太合适，因为这太露骨，容易招人议论，从长远的观点来看，不利于武氏家族，唯一理想的工具便是裴炎集团。

第一，他们大权在握，弘道元年（公元683年），裴炎升任中书令，成为外廷的首席大臣。这是他权力发展的最高峰，在他身边，一个集团正在形成。其中，除了刘祎之这样的大"秀才"，还有西北方面的大将军程务挺、羽林将军张虔勖等军方实力派。

第二，他们有过这方面的经验，在永隆元年李贤倒官的过程中，裴炎和刘祎之都起过作用。

第三，他们还带着若干亲李唐的色彩。这些都是武氏家族所不具备的条件。如果想利用一方，势必要先满足其要求。武则天不但任命了裴炎的同党刘景先（原名刘齐贤，后避太子李贤讳，改名刘景先）为侍中，而且同意裴炎将宰相议事的政事堂由门下省迁至中书省，以适应中书省的需要，这也是满足裴炎的权力需要。

太子李显即位后，权力依然掌握在武则天的手里。李显名为皇帝，但没有实权。他知道自己处境不妙，名义上，他享有绝大的权力，但是实际上，他是个十足的孤家寡人，上有悍母，下有权臣，各怀鬼胎，居心叵测！所以他即位之后，首先将韦后的父亲韦玄贞自普州参军提拔为豫州刺史，又将韦后的远房叔祖韦弘敏由左散骑常侍提拔为宰相。中宗的皇后韦氏，是在上元二年（公元675年）原周王妃赵氏被废之后再娶的，而中宗本人被立为太子在永隆元年（公元680年）。韦氏虽说也是京兆大姓，但实际上早已衰落，韦氏的外家并不能给中宗以实际的支持。事实上，当时已不再是外戚在政治上起主导作用的时代了。

备感孤立无援的中宗，在无可奈何的情形下，还是想提拔一下自己的外家以为援助。不久中宗又打算将韦皇后的父亲韦玄贞调至门下省做侍中。中宗如此明显地树立亲信，首先遭到了裴炎的反对。当时的宰相班子中，裴炎已为中书令执政事笔，侍中刘景先是裴氏集团中人物，还有几位新任命的年轻宰相，裴炎基本能够加以控制。如果皇后的父亲做了侍中，裴炎的地位将大受威胁。裴炎不同意韦玄贞任侍中，态度相当强硬。而中宗面对裴炎的骄横，也表现得很固执，一气之下，脱口说出："我就是把国家都让给韦玄贞，又有何不可？还在乎一个侍中！"看来中宗对裴炎和自己的母亲都缺乏了解，在政治上也很不成熟。这种片言之妄便成了他人攻击的口实，因为太后正在等待他犯错误。裴炎立即将情况上报武则天，两人便密谋废立！

嗣圣元年（公元684年）二月六日，武则天将百官集合到乾元殿。武则天已经和裴炎商议妥当。为了避免闹出乱子，武则天坐镇乾元殿，让裴炎、刘祎之和羽林将军程务挺、张虔勖率领禁军闯入皇宫。中宗正要迈步走上宝座，中书令裴炎突然把他拦住，随即从袖里掏出了一道武后的诏书，当众宣读废中宗，拘禁在皇宫里。侍卫把中宗拉住，带出了大殿。中宗缺少思想准备，直到此时还问了一句："我有何罪？"武则天斥责他说："汝欲以天下与韦玄贞，何得无罪！"于是继位不足两个月的中宗，就因为"片言之妄"被关押了起来。同年四月，他被流放房州，关押在贞观后期被废的魏王李泰的旧宅内。中宗的岳父也被贬往南方。第二天，还没有做过太子的李旦，直接从豫王继位为皇帝，是为睿宗。

高宗驾崩，武则天大权在握。她运用自己协助高宗时获得的政治经验，充分调动自己的势力，力图从幕后走向前台。

第二节　临朝称制

在大唐的历史上，居然有三天没有皇帝。

嗣圣元年（公元684年）二月十一日，皇子李旦率领全体王公，在武成殿向武后进献皇太后尊号。出人意料的是，没有新君即位。三天以后，武则天派武承嗣送去一道诏书，封李旦为帝，居于东宫，睿宗再也不在公众之前露面。更为奇怪的是，无任何理由，更没有捏造的法律依据，这位睿宗"皇帝"便在东宫被幽禁起来，禁止与大臣外人通信息。睿宗只得对一切不听、不看、不说。他逆来顺受，知道自己活着是供给母亲武后大权独揽的一个合法根据而已。几个大臣曾窃议此事，立遭被贬谪出京。武则天正式临朝称制。

高宗死前留下一道遗诏：政事由嗣皇帝处理，如果有军国大事不能决断的，才由天后兼决。对于掌政决断二十四年的武则天来说，这个遗诏对她做了很大的限制。弘道元年（公元683年）十二月，高宗和武则天的第三子李显登上皇位。她感到了权力的失落,她不接受,要临朝称制。先代嗣皇帝年幼而太后"临朝称制",指的是太后临朝听政,自称曰"朕",且以皇帝制诏的名义发号施令,是母后代行君权的一种正式形式。天皇遗诏并无委托天后临朝称制之意,故武则天无据可以临朝称制。而且旧君新丧,新主刚立,朝中和地方都有不安定的因素,必须稳定局势才能双拳出击。

为了稳定局势,武则天不动声色地做出了一系列人事安排。

第一步措施,她加授皇叔祖泽州刺史韩王李元嘉为太尉,霍王李元轨为司徒,石州刺史舒王李元名为司空,豫州刺史滕王李元婴为开府仪同三司,绛州刺史鲁王李灵夔为太子太师,皇伯父相州刺史越王李贞为太子太傅,皇叔父安州都督纪王李慎为太子太保。加封一事发生在皇太子即位后一星期,是新君上任第一批的新封职,比新宰相班子的组成尚要早。太后史无前例地一口气加授这些德高望重的亲王为一品大员,目的是恐其生变而安抚其心。因为这些亲王都是重要地方的世袭刺史,均食有大封邑,地位高有名望。一直以来,每在新皇帝登基之时,这些亲王是最不稳定的因素,因此,已经对宫廷斗争规律相当熟悉的武则天首先就要让他们定下心来,不使致乱。

第二步措施就是调整原班宰相的阵容。其时,在名望较高的重臣中,李敬玄因征吐蕃战败,后来又假称有疾病而被高宗贬逐,李义琰已年老致仕,戴至德、郝处俊、崔知温等都先后病死,文武全才的裴行俭亦去世,薛元超恰以老病请求退休,朝中元老重臣仅剩刘仁轨。她将太子少傅、同三品刘仁轨提升为左仆射、同三品,仍为西京留守。她把受先皇顾托的裴炎从门下省迁到中书省,掌握出旨的权力，连宰相议事厅——政事堂也从门下省迁到中书省，以方便他掌握和作业。黄门侍郎、同平章事刘景先升为侍中，兵部侍郎、同平章事岑长倩升为兵部尚书，黄门侍郎检校右庶子、同平章事郭待举升为左散骑常侍，吏部侍郎、同平章事魏玄同转为黄门侍郎，并皆由资浅的"同中书门下平章事"升为资深的"同中书门下三品"衔。武则天还提拔左散骑常侍韦弘敏为同中书门下三品，北门学士刘祎之为中书侍郎。武则天对这些品级相对较低的官员大胆任用，目的之一是要对旧格局重新洗牌，二是要让新人升迁后能感恩效力。

第三步措施，武则天派遣相对可靠的左威卫将军王果、左监门将军令狐智通、右金吾卫将军杨玄俭、右千牛卫将军郭齐宗四人分别前往并州、益州、荆州、扬州四个大都督府，与当地府官共同镇守，旨在加强这几个军事要地的防卫力量。将新近平定京北绥州（今陕西绥德）造反势力的大将程务挺提拔为左骁卫大将军，并命他与右领军张虔勖同赴洛阳，分别任命为以本官检校左右羽林军，统领北衙禁兵，以防不测。

就在高宗去世后短短的十几天之内，武则天砍出三板斧，安抚王室，升迁宰相，分防警备，果断及时，井井有条，稳定了高宗去世后的局势。以中宗李显为名义上的皇帝，武则天实际掌握一切大权的新朝廷，就这样在洛阳宣告成立。高宗去世带来的权力交接工作，由于武则天的精心安排，没有出现任何动荡。

夺取一部分权力后，应该先消化稳固后再追求更高的目标。攫取权力也要注意节奏，打打停停，蓄势而待发。而在权力交接的动荡背景下，武则天为巩固权力最先要做的是稳住蠢蠢欲动的对手，占领重要的位置，加强警戒和防范力度。

公元684年用了三个年号——嗣圣、文明、光宅。因为这年的大事太多了。武则天废中宗为庐陵王，立第四子李旦为皇帝，自己临朝称制；改东都为神都。逼死了废太子李贤；徐敬业等人在扬州发动大规模造反，三个月即被讨平；杀权相裴炎。武则天有这样一种习惯，就是每发生一件重大的事情，即以改年号来表示纪念。她还采用了新旗帜，金紫两色，浮华炫耀。武则天颁布了一道圣旨，整个朝廷都换了表示欢乐喜庆华美的名称。金殿左侧的门下省更名"鸾台"，右侧的中书省更名为"凤阁"，御书房更名为"麟阁"，尚书省改为"文昌阁"。这一切都显示了昆仑山顶上王母娘娘的神仙福地，要使她在人间的职位和宇宙的组织相配合，于是朝廷的六部也改了名称，"吏部"改为"天部"，"户部"改为"地部"，"礼部""兵部""刑部""工部"各改为春、夏、秋、冬部。其余的省、寺、监、率之名，悉按各部门的职权范围确定其名字。这标志着一个新的时代开始了。武则天改官名，依据是《周礼》，她似乎迷恋古代礼仪，而那些古礼早就不为儒生们所用了，正如她自己说的是"因时而立号""适事以标名"，她就是要和前人有所不同。

在武则天执政的前几十年的时间里，她一直是垂帘听政，接待臣下和接受朝臣、万邦使者的朝觐，与臣民总有一帘之隔。尽管很不适宜，但她作为皇后、太后，她又必须这样做，按宫廷规则行事，向传统习惯低头。而现在，她既然要做一国之君，怎么能还与臣下相隔、躲躲闪闪呢？她是君王，驾驭天下，应该像所有男性皇帝那样，展现皇帝的风采，展现她非凡的威仪、气度，让万民敬仰。因此，武则天决心打破女子不能见外人的陈规，走出帷帘，大大方方地与臣民接触。在拜领"宝图"的大典中，她已经撤去了帷幕，风采照人地主持庆贺仪式了。

垂拱四年（公元688年）十二月，武则天率领睿宗皇帝、皇太子拜洛水，受宝图。朝廷内外的文武百官，少数民族各部落酋长，邻国的使节也都雇驾随行，沿途仪仗逐队行进，各种雅乐齐奏。及到洛水，司礼官员已经设起祭坛，武则天亲临致祭。她头戴冕冠，身穿衮袍，徐步登坛，皇帝与太子随后而上，焚起香烛，案前供着"天授圣图"。内外文武百官、部落酋长各依次站立，各种珍禽、奇兽、异宝陈列在祭坛之前。乐队演奏着武则天亲撰的《唐大享拜洛乐章》14首，这么盛大的场面，为唐兴以来所从未有过的。随后，她将明堂改名为"万象神宫"。

次年（公元689年）正月，武则天又在万象神宫大宴群臣，祭祀天帝、祖先。太后身穿帝王的服饰，腰带上佩着三尺长的大圭，手执二寸长的镇圭，为初献，皇帝为亚献，太子为终献。先祭昊天上帝，次祭高祖、太宗、高宗，再祭魏王武士彟，然后祭五帝。祭祀毕，武则天登上则天门，宣布改年号"永昌"，大赦天下。次日，武则天坐在万象神宫的宝座上，接受百官朝贺。第三天，她在万象神宫布政，并颁布九条政令以训导百官。这一年武则天66岁。

这两次盛大活动武则天都是按照天子的规格主持进行，她实质上是在宣布她是名副其实的君主，无人敢阻挡她。

当上皇帝的武则天在皇家祭祀的大礼上遇到了一个难题，那就是李家祖宗和武家祖宗的牌位如何摆放的问题。李唐的天下虽然已经改姓武周，但武则天认为周是承唐而建的，武则天是大唐帝国的合法继承人，而不是篡唐。她自己登基称帝本身，是以武代李。这就给朝廷的礼仪之官出了个大难题，毕竟这种事情没有先例可循。最终还是武则天拍板，把武氏祖宗的神主迁进太庙。原在长安的李家太庙改为享德庙，四时仍祭祀高祖、太宗、高宗，其他各室闭不再祭。然后，大享明堂，祭祀昊天上帝，百神从祀，武氏祖宗配享，李唐三帝亦同配。通过这种调和手段，她把最伤脑筋的李家和武家的祭祀问题总算解决了。这是特殊人物在特殊情况下"发明"的特殊祭祖政策。这种特殊的发明，只有武则天才想得出来。

中国古代提倡谦恭，提倡不在人前显示，这些都不适用于武则天。作为一个政治人物，她需要不断在人前树立起她的公众形象。要么规模盛大，以显示她无比的权威；要么简单朴素，以显示她的和蔼平易。大众对她的印象，很多就是通过一两次仪式定形的。武则天利用礼仪的一个突出特点是敢于突破陈规。这样做一是环境所迫，一是性格使然，武则天在这方面是成功的。毕竟，在宏大的仪式上，人们关注的是那个威风八面的主角，有谁真正在乎是否合乎旧礼呢？

武则天像所有开国君主一样：专权揽权。一方面是她有极强的权力欲；另一方面，权力像娇媚的女子一样依偎于强君和强臣之间，哪方更强她就会投入哪方的怀抱。高宗在位时期，外朝宰相与武则天的权力拉锯战始终不断。她和宰相争夺权力有两种主要的方式：一是在外朝的宰相班子里安插自己的亲信；二是在禁中设立私人势力，以分宰相之权。

高宗死后，从武则天临朝称制起，女皇威权统治21年，前后一共用了75个宰相，是历史上空前绝后的创举。这75相之中，有69人可以查知，其中有19人被杀，至少有22人被流贬，合起来折损数已逾总数的一半，且大多因政治因素招祸。他们朝不保夕，无力对抗君权，也轻易不敢有所作为。75相在这21年里，任期短的如武承嗣与武三思仅任了9天宰相。大约诸相的平均任期只有三个半月，比太宗时的更换率高出三倍。更换频、任期短，要维持政府稳定、政策延续已经不易，更别说什么拓展。在君相的竞争中，宰相彻底失败。

　　在封建王朝中，皇帝与宰相之间是一对天然的矛盾体。皇帝作为王朝的精神象征和最高决策者，需要居于深宫，当庭理政，而不可能混诸外朝，天天和臣下摸爬滚打，而且也很少有人能有精力几十年如一日地去处理繁密的政务。所以，皇帝需要宰相或一个宰相班子帮助处理外朝事务。这本身就是对皇帝集权的一种分割，所以皇帝既需要宰相的帮助，又忌惮权力被侵蚀。一般的强君往往打压宰相，以保万机独断。

　　一种看法认为从公元655年~705年是"武则天统治的五十年"，或者说"武则天统治时间长达半个世纪"。按照这种看法，武则天从当上皇后开始就掌握了大权，高宗不过是个傀儡。但是这种看法是缺乏事实根据的。从权力的授予关系上说，武则天那一部分威势、权力是高宗给的。高宗委托她处理政务，她才有威势和权力；高宗不委托她，她依然只是一个只管宫内事务的皇后。而从武则天做了皇后到高宗去世，她对外朝的控制是个渐进的过程，也是她逐渐把权力揽到自己手中的过程。武则天与外朝争权的主要方式是不断调整宰相班子，她的惯用手法是在宰相班子中换血、掺沙子。

　　显庆元年（公元656年），武则天皇后的位子初定，开始参决大政。她一上来就促成宰相班子的进一步调整，三月，度支侍郎杜正伦被任命为黄门侍郎、同中书门下三品。这是以熟悉典故、善于辞章著称的老臣，隋文帝时已知名，是李世民的"秦府十八学士"之一，贞观年间两次担任中书侍郎。后在太子李承乾谋反事件中，受到侯君集的牵连，自交州都督任上作为罪犯流放出去。他无疑是长期以来受到长孙无忌一派排挤的人。不久前被平反入朝，现在又被任命为宰相。虽然他和武则天的政见也许并不相同，但只要他是长孙无忌的敌人就可以了，因为当前的主要敌人是长孙派。七月，对武则天做皇后持反对态度的崔敦礼被解除中书令的职务，降为太子太师、同中书门下三品，不久他就莫名其妙地去世了。

显庆四年（公元659年）随着太宗时期最后一任宰相长孙无忌被清除，许敬宗成为剩下的唯一的宰相。武则天的宰相班子继续扩大，这年八月，李义府也当上了宰相。未与武则天为敌的卢承庆、许圉师、任雅相等三人也于这一年当上了宰相。卢承庆出身于河北的书香门第，长期从事财政工作，这时被任命为户部尚书以代替杜正伦。但第二年就因为户部未能征集到足够的赋税而被派到地方任职，后来虽然没能返回中央，却一直任高官。许圉师是唐高祖幼年时期的小伙伴、唐朝初年平定长江流域时被杀的许绍的小儿子。许圉师在唐朝初年科举考试中成为进士，居官后政绩出色。任雅相似乎主要是做武将，曾一度任兵部尚书。龙朔元年（公元661年），他担任远征高丽战役的指挥官，在次年（公元662年），初期的战事中被杀。

但皇帝和皇后可与之商榷朝政的宰相队伍一直很小。太宗时期常有8名以上的宰相，现在只有5人，随着卢承庆于显庆五年（公元660年），被免职又减少到4人，任雅相在龙朔元年（公元661年）离朝征伐朝鲜后宰相只剩下3人。这三人是许敬宗、李义府和许圉师。

龙朔二年（公元662年）末，许圉师因试图掩盖其子在狩猎时误杀一人之事，被李义府逼迫离职，由上官仪代替。上官仪是隋炀帝末年被杀于扬州的隋朝大臣之子。为了避难，他当了和尚，是享有盛名的学者和作家。太宗初年，他被举荐参加进士考试，先后在一些学术岗位上为太宗效劳，有时为皇帝的文章做些润色工作。高宗时期，他是秘书省少监，以文章和诗闻名于世，后来正是上官仪支持高宗想废掉武则天。龙朔三年（公元663年），武则天的心腹李义府也因骄横难制，被高宗革职流戍。

从这两件事可以看出，在武则天逐渐走向政治前台的过程中，她遇到了来自宰相方面的阻力，她必须想办法加以克服。几年来，在武则天政治发迹的过程中，虽然一度也有许敬宗、李义府等人担任宰相，在外廷为她说话，但总的说来，她还控制不了宰相，不免处处受到宰相的掣肘，在宰相的任免上她还没有足够的发言权，李义府的被贬就是例证。武则天当时是不会情愿李义府遭贬逐的，但她还没有足够的力量挽救李义府，反倒是任何一个受到皇帝信任的宰相都有可能给她以灭顶之灾。要完全控制住宰相，在当时各种政治势力的格局中，武则天还不可能做到。而如何摆脱宰相而不是受制于宰相，也就成为武则天的必然选择。要想控制宰相，就要将反对自己的宰相排挤下去，将亲信的人物安插到宰相的职位上。

上官仪垮台后，许敬宗是剩下的唯一长期任宰相的人，但他毕竟是72岁的老人了。武则天对大臣进行了又一次调整，以太子右中护乐彦玮、西台侍郎孙处约为同知军国政事。麟德二年（公元665年）三月，又以司戎太常伯（即兵部尚书）姜恪为同东西台三品。就在这一年四月，再罢乐彦玮、孙处约同知政事的宰相资格，以左侍极（左散骑常侍)陆敦信为检校右相。但一两年后他们又都被免职,被高宗时期两位最有成就的将军姜恪和刘仁轨所取代,但他们两个也经常离开朝廷去远征。这一时期的宰相如走马灯一样换来换去,一方面是武则天不断把自己的意志加于人事任免中;另一方面,高宗及整个外朝的意志也作用于宰相的任命。

乾封二年(公元667年)的夏天,高宗感到缺乏可靠的参谋,就任命了一批能力很强的新宰相。西台侍郎杨武,西台侍郎、道国公、检校太子左中护戴至德,正谏议大夫、检校东台侍郎、安平郡公李安期,东台侍郎张文瓘,并同东西台三品。但这批新宰相并不听命于武则天。

不过,正当武则天的影响看起来要削弱时,皇帝的健康再次恶化,咸亨二年(公元672年)正月,太子奉诏监国。咸亨三年(公元673年)八月,太子又不得不承担受诸司启事之责。这一年,皇帝的健康状况如此不佳,以致召来著名的道家老医生孙思邈给他治病。武则天抓住这一时机,以加强自己在政坛上的力量。有名的《建言十二条》就是在次年(公元674年)拿出来的,它是武则天执政前中期的重要政纲。她对高宗的管制也日趋严格。上元元年(公元674年),高宗病情严重,出于种种原因,产生了让位给武则天的想法。

这个动议由于受到众朝臣和宰相们——特别是郝处俊的强烈反对而未能通过。朝廷此时由相当庞大而稳定的一个宰相集团控制。他们是戴至德、张文瓘、李静玄和几乎一直在指挥作战的将军刘仁轨。他们至少在表面上已经使行政工作恢复正常。

在这种情况下,武则天是怎样从似乎铁板一块的宰相集团手里揽权的呢？她是通过掺沙子的方法，即建立她个人的秘书班子——北门学士这个第三权力中心，继续对朝政施加影响。"北门学士"开启了内廷近臣在禁中参决谋议的先例，宰相的决策权受到了侵夺。这是唐代君权加强的又一重要步骤，后来到玄宗时出现了翰林学士，安史之乱以后发展为在禁中参谋密议的"内相"。

武则天掺沙子的另一个重大策略是提拔低品宰相。永淳元年（公元682年），关中发生了大旱灾，继而引发了饥荒，连皇帝也不得不去东都洛阳"就食"。离开长安、离开那些宰相，正是武则天对高宗最有影响力的时候。他们四月初三从长安出发，四月二十日到达洛阳，二十四日就采取了一个重大行动，任命了四个年轻资浅的宰相：黄门侍郎郭待举、兵部侍郎岑长倩、秘书员外少监郭正一、吏部侍郎魏玄同。高宗也觉得这几个人资历尚浅，既要让他们预闻政事，又不好给他们宰相一样"同中书门下三品"的名号，经过与同行的宰相崔知温等商量，给他们定的头衔是"与中书门下同承受进止平章事"。

这次任命，是唐代宰相制度史上具有划时代意义的举措。在此以前，一般只能三品以上官才能担任宰相，四品官中也只有门下（黄门）侍郎和中书侍郎，且要具备一定的资历。而岑长倩、魏玄同都是以中书、门下两省以外的四品官拜相，郭正一的中书侍郎还是检校（即代理），郭待举的黄门侍郎也任命不久，资历都很浅，这就打破了原有任相资格的限制。此后，威望最高的左右仆射如果不再带"同中书门下三品"的名号，即被排挤出宰相行列，而许多从科举出身的年轻官员，可以迅速提拔为宰相，进入最高统治阶层。这种转变是武则天直接执掌朝政关键性的一招。武则天趁高宗还活着，以高宗的名义实现了这个关键性的转变,应该说她是很有政治眼光的。

在高宗死后,入相的门槛越降越低。裴炎被杀后,武则天趁机对宰相班子再做调整。裴炎、刘景先、郭待举三相去位后,主审裴炎一案的左肃政台御使大夫骞味道、作证裴炎必反的凤阁舍人李景谌被任命为宰相。凤阁舍人是中书省五品官,入相官员的品级越来越低了。当月,李景谌被罢为司宾(鸿月卢)少卿。右史(起居舍人,从六品上)沈君谅、刚从御史升为著作郎(从五品上)的崔察被任命为宰相。这样六品官也可以直接被提拔为宰相了,任相资格的限制越来越宽。崔察在半年后罢相,这位首先告发裴炎谋反的耳目之官,后来也被秘密杀掉了。

低品宰相的频繁出现,使武则天的宰相人选范围越来越宽泛,彻底打破了任相资格的限制。这对于武则天控制宰相、集权揽权具有重要意义。

武则天和宰相之间的权力争夺,是围绕着控制和反控制的主题进行的。他们双方都想通过影响皇帝进而达到影响人事安排的效用。而武则天做得更好,她在尚不能控制宰相的任免时,就先做到了频繁地调动入相人员,尽可能使之不要形成牢固的势力集团;在有能力影响宰相任免时,就把官品不高的人混入宰相班子,这些人根基不深,又对自己感恩戴德,便于控制。

在权力的争夺与较量过后,武则天终于撤去了帷幕,从一个幕后的女子,风采照人地走到了前台,展示她强大的主宰朝政的能力。

第三节 废帝杀子

种瓜黄台下，瓜熟子离离。

一摘使瓜好，再摘使瓜稀。

三摘犹为可，四摘抱蔓归。

这首《黄台瓜词》是武则天杀李贤之前在民间广为流传的诗。诗中通过写一个种黄瓜的人不断摘取蔓上的黄瓜，最后只能落得"抱蔓归"的结果，影射武则天对自己儿子的连番废杀行为。

高宗皇帝共有八子。武则天从感业寺回宫以前，高宗已有四子：陈王李忠，原许王李孝，杞王李上金，雍王李素节；武则天生了李弘、李贤（也有说是韩国夫人所生）、李哲（即李显）、李旦。但他们都是武则天脚上踢来踢去的玩具。高宗皇帝时日不多，选择一个年岁轻、性情柔顺的皇子继承大统，对武则天独揽大权至关重要。为了独揽大权，武则天先是视李弘为眼中钉，在李弘死后，又把矛头对准了二儿子李贤。

对待自己的权力竞争对手，武则天从不手软。在当皇后前，她消灭了王皇后与萧淑妃，泰然自若。她自己并不真恨王、萧二人，但为情势所迫。既然做了，也无须难过。后来，当她自己的亲生儿子成为权力的绊脚石时，她也是这样，没有手软。

上元元年（公元674年），皇帝和皇后同时改为天皇和天后，武则天这年51岁，已稳定二圣临朝的格局，内无情敌，外无强争，儿子李弘是太子。但她还是要提升自己的权力和威望，不允许任何人对之有丝毫毁损。

太子李弘早习政治，有自主性，而且能体恤民情。咸亨三年（公元672年），冬季大饥，西北各省最苦，人民不断死于饥馑。太子李弘看见兵卒的粮食里有榆皮和草籽，他立刻吩咐先把自己仓廪里的米分发给兵卒，他又奏请皇上把同州沙苑的闲地给贫民耕种。这些都足以与武则天好权的性格形成对立，被疑为收买关中人心。后来他到洛阳时，发现萧淑妃的二女义阳公主与宣城公主因为母亲的缘故，一直被幽禁在后宫，无人照顾，早已被人遗忘。她们年纪已经将近四十，没人为主婚嫁。他去向母后说，请母后把两个姐姐嫁出去。从此，母子关系便紧张起来。

这些还不是主要问题，主要问题是皇帝表示了皇位要传与子孙的态度，即逊位于李弘。李弘死后，曾被谥为孝敬皇帝，高宗曾为此下敕，敕云："皇太子弘，仁孝著于四海……及朕理微和，将逊于位。"从这点看，李弘已成了天后的主要障碍，母子俩的关系已处于势不两立的地步。

上元二年（公元675年），太子李弘暴死，死因不明，当时就有人怀疑是武则天毒死了他。这一年，武则天另一个儿子李贤被立为太子。李贤由被立至被废，时仅五年。李贤的废宫，是传位斗争的第二回合。

李贤的身世给后人留下了许多疑团。根据当时《实录》写的《旧唐书·高宗纪》记载，李贤是永徽五年（公元654年）十二月十七日生于高宗和武则天前往祭谒唐太宗的昭陵路上。这应属早产，离预产期至少还有半个月，否则高宗不会让武则天以临盆之身去祭谒路途并不算近的昭陵的。现在的问题是，武则天在毫无准备的情况下早产的这个小孩，是否能够存活下来。后来宫中有人私议，李贤是武则天的姐姐韩国夫人所生，而且李贤本人也对自己的身世有疑问。

李贤在武则天的四个儿子中天分最高。当他还在孩童时代，高宗就曾对司空李勣夸奖过他，说他小小年纪已读得《尚书》《礼记》《论语》及大量的古诗赋，不仅过目不忘，而且对经典的深奥含义也有所领悟，难怪高宗见他"容止端雅"而大加赞赏。李贤为人也爽快活泼，既喜爱苍鹰骏马，也喜爱琴棋书画。比起太子李弘来，李贤为人更实际，也很有个性。而他的聪明有主见，也导致了他的不幸。

鉴于太子的早死，李贤更愿离母后远些，当时高宗全家人都住在东都洛阳，他住在长安。在调露元年（公元679年），高宗皇帝的病又犯了一次，李贤曾奉旨共摄朝政。平时如能避免，他绝不去见父母。母子的关系变得非常勉强。

李贤被立为太子后有一项重大的行动就是，他召集了当时的一批著名学者为范晔的《后汉书》作注。《后汉书》的作者范晔，是站在封建宗法制度的立场上，对吕后临朝现象进行过猛烈批判的经典史家，反对吕后临朝是《后汉书》的基本观点之一。李贤对这一部倾向性极强的书做了大量的注释，他这样做绝非一般的史学爱好，而是有其政治目的的，它是李贤在意识形态领域向武则天发起的一场进攻。李贤是在利用《后汉书》的倾向性表明了对现实生活的态度，也就是他反对即将要出现的武则天临朝称制。

署名为李贤注的《后汉书》流传至今，我们可以从中窥知其政治态度。《后汉书》中有大量吕后临朝、外戚干政的事例，李贤等人都作了详细的注释，甚至不乏举一反三。这些注释完全是事实的罗列，是一种有意的强调。

《后汉书》中说："东京皇统屡绝，权归女主，外立者四帝，临朝者六后。"对于这一条，李贤注道："四帝：安、质、桓、灵也；六后：章帝窦太后、和熹邓太后、安思阎太后、顺烈梁太后、桓思窦太后、灵思何太后。"李贤还特别对《后汉书》中许多涉及吕后的事做了大量的注释。

《后汉书·崔骃传》所载崔骃与窦宪书"外家二十，保族全身、四卜而已"句下，李贤注曰："谓高帝吕后产、禄谋反诛。"《后汉书·丁鸿传》载丁鸿封事，其中有句云："诸吕握权，统嗣几移。"李贤注曰："诸吕，谓吕产、吕禄也。产领南军，禄领北军，谋危刘氏。故曰：'统嗣几移'。"《后汉书·何敞传》载何敞封事，其中有句云："臣观公卿怀持两端，不肯极言者……如宪等陷于罪辜，则自取陈平、周勃顺吕后之权，终不以宪等吉凶为忧也。"李贤注曰："吕后欲封吕产、吕禄为王，王陵谏不许，陈平、周勃顺旨而封之。吕后崩，平、勃合谋，卒诛产、禄也。"

联想武则天做皇后尤其是参政以来的表现，不难看出李贤等人褒贬现实的用意所在。说吕后将戚夫人做成"人彘"，使人想起武则天对王、萧二氏的"骨醉"之刑。说到"贪孩童以久其政，抑明贤以专其威"，则更与李贤当时的处境有关。

武则天对李贤的这种做法很不满意，李贤刚做太子就拉起了写作班子，无疑是要树立自己独立的政治力量。尤其是这些人在借历史而影射现实政治，对武则天参与政事隐含批评，这更使她无法忍受。

武则天针锋相对地对官僚展开宣传教育，这便是她为《臣轨》所作的序言。《臣轨》在名义上是皇后写的，但实际的撰著者是皇后的私人写作班子"北门学士"。这个班子中的人物有刘祎之、元万顷、范履冰、周思茂、胡楚宾等人。他们的著作有《列女传》《臣轨》《乐书》《百僚新诫》等。《臣轨序》现存于《全唐文》内。在文中，她力图在读者中树立"孝"的观念，她发现了"孝"与"忠"处于不两立的地位，她强调人们尽孝。她的读者就是各级文武官员，她以慈母般的口吻向臣下们暗示：积累栋梁而成大厦，凭借舟楫而过大河，君臣之间要唱和相依，同功共体！暗含的意思是，你们要跟着我走！跟着我走，就是孝，自然前程似锦。从这个角度来说，忠与孝并不矛盾。如果不跟着我走，后果又是如何呢？武则天并没有说出来，这是她留下来请读者去思考的问题。但我们也可以根据她文章的思路，得出答案。这答案就是：大祸临头，一片黑暗！

李贤已经成为武则天谋权道路上的重大障碍，必须扳倒。这就不仅是意识形态上的斗争所能解决的了，武则天借一个偶发事件废掉了李贤。

高宗仪凤年间，有一个在政治上相当活跃而又极得武则天信任的术士，名叫明崇俨。他提出了一套说法：据相术，李贤、李显、李旦兄弟三人，李贤的相最坏。这位术士又说，相王李旦的相最好。这个说法无疑是为武则天立幼君造舆论的，也就是为武则天临朝称制创造条件。

调露元年（公元679年）四月，居住在京师的明崇俨，在一次夜间出行的时候，突然被人杀害。这是震动一时的大案，许多人被捕下狱。但武则天认定，谋杀是在李贤安排下进行的。皇后要惩办李贤，就从明崇俨一案入手。李贤的亲信户奴赵道生被逮捕，赵道生供称：李贤指使他刺杀了明崇俨。这样，李贤就被引出来了。

皇帝起初不愿意下诏审判李贤，但在皇后的逼压下，他不得不下诏：由中书侍郎薛元超、黄门侍郎裴炎、御史大夫高智周组成了"高级专案组"，会同法官审理此案，整个审讯过程是按照皇后的意图进行的。人们后来又给李贤安上新的罪名，说他谋反，证据是从李贤宫中搜到皂甲数百领。有这个证据，皇后便提出了废宫的要求。当时内心痛苦的皇帝迟延再三，不肯签发废宫的诏书。高宗当然明白太子不会谋反，他根本没有谋反的必要，天下早晚是他的。他想不追究下去，但皇后向他施加压力："李贤谋逆，大义灭亲，没什么可宽恕的！"皇帝不得不下诏，顺从了武则天的意思。

调露元年（公元680年）八月二十二日，李贤被废为庶人，幽闭在宫中，数百副铠甲被运送到洛阳的天津桥南，烧毁示众。因李贤宫废而受到牵连的人，大体有下面两种：一种是与注《后汉书》有关的人，如张大安被左迁为普州刺史，刘纳言被流放振州等。另一种是与李贤有过交往的皇室。《资治通鉴》对发生在永隆元年（公元680年）的这件事如此记载道：冬，十月，壬寅，苏州刺史曹王明、沂州刺史嗣蒋王炜，皆坐故太子贤之党，明降封零陵郡王，黔州安置，炜除名，道州安置。但是，对于大多数官僚，武则天采取了比较宽容的态度。史书记载：李贤之案发生后，其余官僚的罪过，皇上全赦免了。武则天此时的打击对象主要是李贤，并不想把网张得太大。

李贤在被废以后，于巴州安置。但武则天即使对这个被废的太子的才具敬且畏，深惧其谋反，又怕他为众人拥戴，从而给武则天以后的掌权带来麻烦。武则天深谋远虑，预为提防，谋杀李贤，势在必行。嗣圣元年（公元684年）二月，在把中宗逮捕废掉的三天之后，武则天派左金吾卫将军丘神勣到成都去。到了成都，那位特使把李贤监禁在后院屋内，逼迫其自缢。

为掩饰此次谋杀，武则天令人在显福门举哀，文武百官恭祭李贤之灵，武后以丧子之母身份，亲与祭奠。把此次李贤自缢的过错都推在丘神勣身上，贬丘神勣为垒州刺史。此事做得可谓干净利索。一般而论，丘神勣因"过错"而致一个皇子于死地，是不会轻易逃出法网的。但是，几乎还没有过半年，丘神勣又被召回东都，官复原职。于是可知，丘神勣只是奉行武后旨意。

正如民间流传的那首《黄台瓜词》一样，武则天摘去了李弘与李贤两个"黄瓜"；但是，她的争权斗争并没有到此为止，她还在与自己的亲生儿子的争权中乐此不疲。

废李贤的第二天，八月二十三日，李显（英王哲）被立为皇太子，并宣布改调露二年为永隆元年（公元680年），大赦天下。中宗李显是武则天四个儿子中最平庸的一个，除了那个术士明崇俨为了排挤李贤，称其面相有点类似太宗之外，史书上再未见到表扬他的记载。相反，他在京师监国期间，就由于颇事游玩、打猎，荒怠政事，使高宗和武则天大伤脑筋，在一些元老重臣的规谏下仍未见改变，被迫把他召到洛阳。

开耀二年（公元682年）正月，皇太子李显为高宗生下一个皇孙，这使高宗喜出望外，毕竟李唐皇室有了后嗣。高宗为他取名为重照，并在满月的那天，大赦天下，改元永淳，寄托了高宗对子孙们承继大业的厚望。不久，高宗又下令立皇孙李重照为皇太孙，并且想为他开

· 107 ·

府置官属。这是一个极不正常的举措，因为李显刚被立为太子，重照也只生下来一个多月，高宗就想为太子指定接班人。任何一个君主，不论他的才智如何杰出，能选定一个合适的接班人，就已经是难能可贵的了。

从武则天的眼光看来，皇帝的那些措施是不足畏惧的，因为她已经大权在握。立皇太孙是他被逼得走投无路时想出来的绝招。好比一个财主，出远门的时候，在自己的大门上先扣上一把锁，再扣上一把锁，自以为固若金汤。

这回皇帝真要出远门了，这便是要到极乐世界去。他的身体，自显庆以后日益恶化。按理患这种病的人应该静养。但是皇帝在他生命的最后几年，却大搞封禅活动，而支持乃至敦促他大搞封禅的正是皇后。皇后的目的似乎是把皇帝的注意力从她夺权事情上引开，而这也加速了他病情的恶化。

看看高宗遣葬日的《高宗天皇大帝哀册文》，那是武则天亲自撰写的，里面充满了对亡夫的深切追念：

瞻白云而茹泣，望苍野而摧心。怆游冠之日远，哀坠剑之年深。泪有变于湘竹，恨方缠于谷林。念兹孤幼，哽咽荒襟。肠与肝而共断，忧与痛而相寻。顾慕丹楹，回环紫掖。抚眇嗣而伤今，想宸颜而恸昔。寄柔情于简素，播天声于金石。

字里行间流露出的感情颇为感人。但在《资治通鉴》中还有这样一段记载：弘道元年（公元683年）七月，高宗头晕目不能视。侍医张文仲、秦鸣鹤曰："疾风上逆，刺头血可治好。"武则天内心里希望皇帝早死，好得以自专，怒曰：真该杀！龙体怎么能刺血呢？

御医叩首请恕罪。高宗说:"医生说治病的事有什么罪?况且我目眩难以忍受,听任他们治吧。"御医刺了几次,高宗说:"我的眼睛能看到了!"话未说完,武后在帘中拜谢曰:"天赐我师!"厚赏御医。司马光认为武则天是盼着高宗早死,也有研究者认为武则天是爱之切而乱了方寸。无论哪种解释更合理,此时的武则天不会因为高宗的先去而使情感大乱。作为一个政治家,她更多考虑的是高宗的身后事,自己在高宗死后怎样更牢地把握住权力,乃至夺取更大的权力。

高宗死前留下一道遗诏,关于武氏的权力,遗诏中说:"军国大事有不决者,兼取天后进止。"这个遗诏对武则天做了很大的限制,武则天感到了权力的失落。要武则天放弃权力,退而闲居度日,不是她所能容忍的。她的第一个行动是违反遗嘱的规定,未使中宗立刻在"梓宫前"继位。在高宗驾崩后的那几天,武则天对太子李显继承王位,也踌躇不定。究竟是让太子登基继承王位呢?或是采取激烈办法,或假造圣旨,或采用政变行动,立刻自己称帝即位呢?实际说来,她早已不愿再演配角坐第二把交椅,或做帝王之后,或做帝王之母。不自己手执王节,终不称心惬意。六天六夜里,她自己心中争辩不决。她当然可以毒杀太子显,但是下一步仍要毒杀太子旦。这样做究竟是否得策,颇为犹豫。她最终决定不采取阴谋的毒害办法,而采取"合法"手段。她要临朝称制,立个幼子,可以使幼君退隐在背后,自己利用幼君之名,行统治之实。有人反对时,就犯叛国之罪,因为她临朝称制,代皇帝行使职权,于法有据。如此决定之后,她才在第七天,依照裴炎的主张,让太子登基,继高宗为中宗皇帝。

文明元年二月(公元684年),在天皇死后61天,武则天又行动了。她利用外朝的裴炎集团，完成了废李显、立李旦的使命，而李旦又被迫"居于别殿"，政事由太后处置。至此，武则天实质上已登上了权力的最高峰。

武则天并没被胜利冲昏头脑，她还有几件扫尾的工作要完成。

第一，废皇太孙李重照。废李重照是废李显的必然，李重照被立为皇太孙，是传子孙原则的最明白无误的表现。子既已被废，孙被废就不在话下了。对李重照的处分是很严厉的，这个还只是两岁多的小孩，被废为庶人，永远开除出士族队伍。高宗苦心经营的传子孙原则，就被武则天这么轻而易举地摧毁了。

第二，剥夺李重福西京留守的职位。李重福为李显长子，因为系庶出，非李显妃韦氏生，不得立为皇太孙。高宗朝末，李治与武则天赴东都洛阳时，李重福被任命为西京留守，副留守是刘仁轨。现在李重福被剥夺了留守位置。

第三，将李显安置在房州。二月废立后，李显被废为庐陵王。四月份，他被迁往房州，房州是个专门安置失意皇子的地点。被剥夺了帝位的李显，被人严加看管。

第四，除去她最不放心的李贤。

到了五月，大势已定，武则天流放并软禁废天子（李显），挟持新天子（李旦），秘除有潜在威胁的废太子（李贤）——他们都是她的亲生儿子。至此，武则天才令大行皇帝李治的灵驾西归，葬在乾陵。

武则天有一种顺我者昌、逆我者亡的凶狠性格，哪怕是亲生儿子，只要成为障碍，也决不手软。她在对自己的丈夫和儿子施尽手段之后，终于独揽大权。

第四章

斗争

第一节　徐敬业反

武则天实现了临朝称制,是这场政变的最终赢家,但新的变故又出现了。文明元年(公元684年)夏,担任眉州(今四川眉山市)刺史的徐敬业、盩厔县令徐敬猷、担任给事中(门下省中级官员)的唐之奇以及长安县(今西安市长安区)主簿骆宾王、太子詹事司直(太子宫中负责弹纠僚属的官员)杜求仁、盩厔尉魏思温等六人因为犯事被贬。这些被贬的人聚集在扬州,"各自以失职怨望"。他们感受到朝廷内外对武则天的不满情绪,可以进行政治投机。于是商议以匡复庐陵王李显为旗号,推徐敬业为统帅,魏思温为军师,发动叛乱。

叛乱集团是由失意的世族分子与庶族分子相结合,是"皇唐旧臣、公侯家子"与文人的结合。唐之奇、杜求仁及徐敬业兄弟,是四个失意的士族分子,他们的家族都列名于《姓氏录》。唐之奇为唐临之侄,唐临在显庆时官至吏部尚书。唐氏家族在《姓氏录》中应是三等。杜求仁为杜正伦之侄,杜正伦在显庆时曾任中书令,杜氏家族应列为二等。至于徐敬业,他的祖父是李勣,其家族则列为一等。骆宾王与魏思温两人是庶族失意分子,魏思温原来是一个县尉,县尉是个地位较低的官职。骆宾王是初唐"四杰"之一,少年才高,但落魄无行,闲散好赌。这两种力量结合起来以后,叛乱的基本阵营便初步形成了。

魏思温很有政治头脑,他想出一个主意,先指使与他志气相投、对武太后临朝不满的党羽薛仲璋请求奉使江都(今江苏镇江一带)。待薛仲璋到江都后,再由雍州人韦超到薛仲璋处密告扬州都督府长史陈敬之谋反。这样，薛仲璋就可以顺理成章地把陈敬之收捕入狱，如此可以乘虚控制军事重镇扬州。文明元年（公元684年）八月，事情按设想的那样进行得很顺利。薛仲璋出使江都，并轻而易举地逮捕了"谋反"的扬州大都督府长史陈敬之。随后，徐敬业等人很快赶到扬州，自称奉密旨来担任扬州司马，因高州（今广东高州以东）地方酋长冯子献谋反，武太后命他发兵讨伐。当时，他打开府库，招集工匠打造鞍甲。命令士曹参军李宗臣赦免囚徒，并招兵买马，都授以兵甲，州府录事参军孙处行对他们的做法产生了怀疑，拒不从命，徐敬业将他斩首示众，扬州长史陈敬之也被杀，部属吏卒再也不敢非议。控制扬州之后，他们便进一步纠集起一州之兵，挂起恢复中宗的旗号，宣布恢复中宗的嗣圣年号。

之后，他们在扬州设置三府：一是匡复府；二是英公府；三是扬州大都督府。三府之中，以匡复府最为重要，徐敬业自称匡复府上将，领扬州大都督。以唐之奇、杜求仁为左、右长史，李宗臣、薛仲璋为左、右司马，魏思温为军师，骆宾王为记室。楚州（今江苏淮河以南地区，治在山阳）司马李崇福举所部三县响应。他们聚集在扬州十几天内就裹胁了十几万人，声势浩大。被繁重的赋税、徭役压得喘不过气来的江南农民，涌到徐敬业军中，成为叛军的主力。于是，移檄各州县，宣扬武则天的罪恶，号召天下匡复庐陵王皇位。这样，叛乱便最后形成了。这便是历史上有名的"扬楚事变"。

在"扬楚事变"中，武则天是最终的胜利者。无论是徐敬业还是裴炎，都在这场事变中败亡。他们失败的原因，除了武则天所处的地位更强一些外，还在于那些反对武则天的人，行动并不一致。他们由于利害关系，相互矛盾，没有形成一股反武的合力。而武则天则抓住敌人内部各种各样的矛盾，排除障碍，迅速出击。

徐敬业起兵后，反武阵营似乎十分强大，外有群集影从的叛军，内有异议汹汹的权臣。但细分起来，他们并不是铁板一块。同是临朝称制的批判者，刘仁轨的态度与裴炎就不一致。同是想以武力批判临朝称制，徐敬业与裴炎就不一致。骆宾王的檄文中有一句话，是裴炎所断断不能同意的，这句话便是"无废旧君之命"。旧君之命就是高宗的遗嘱。根据遗嘱，李显登上了帝位。现在，徐敬业提出"无废旧君之命"的主张，是要恢复李显的帝位，这当然是裴炎所不能接受的。因为正是裴炎及其支持者与武则天一道策划了二月废立。"无废旧君之命"的主张一旦施行，便是裴炎等的末日，更何况裴炎在政治上所追求的是立李旦为帝！

同是公开宣称以武则天为敌，徐敬业与魏思温也不一致。叛乱公开以后，内部矛盾就绽露出来了。徐敬业的支持者们，就用兵方向问题，进行了激烈的争辩，他们分为两派，一派以魏思温为代表，一派以薛仲璋为代表。魏思温主张及早渡淮北上，招合山东河北的豪杰，直指东都洛阳，据关决战。而薛仲璋的主张则是攻取金陵（今江苏南京），凭长江设险自固，而且取常、润等州，粮草充足，打下基业再拥兵北上。西进、快速、决战，这是魏思温的战略思想。简要地说，是攻势思想；薛仲璋的战略思想与之相反，是一种守势思想。薛仲璋认为金陵的王气犹存。自建安十六年（公元211年）孙权定都金陵以来，金陵作为六个不同朝代的首都，将近400年之久，公元589年隋灭陈之后，它才沦为一个普通城市。距今不到一百年，自唐初人看来，并不是很遥远的事，这就是薛仲璋说的金陵王气。对于南下主张，魏思温采取了严厉的批判态度。他嘲笑取金陵是一种"巢穴"思想。魏思温特别强调事业的政治性和正义性。他认为徐敬业应该认真地举起匡复的大旗，即不仅落实在言论上，而且更要落实在实际行动上。他认为，只有以匡复大唐王朝为旗号，挥师西进，直指洛阳，才会有四面响应的局面。西进的本质是匡复，南下的本质则是割据。骆宾王也是西进策略的坚决支持者。显然，魏思温的思想是正确的。但后来的事实是，徐敬业摒弃了魏思温的思想。

反观武则天，她的目的只有一个，这便是维护临朝称制。武则天和徐敬业同处于历史的漩涡之中，但武则天头脑冷静，徐敬业则徘徊在义利之间。当叛军内部就西进与南下问题发生争执的时候，徐敬业做出的是错误的南下决策；而在洛阳城内军事解决与政治解决的争执中，武则天坚持军事解决。这对她来讲，是一种正确的选择。它说明，在纷繁复杂的形势面前，武则天能清醒地辨明自己的利益所在，能朝那个正确方向行进，而徐敬业则不知道自己的利益在什么地方！

不到三个月，起义就被粉碎。武则天利用叛军在南下还是西进的问题上犹豫不决的机会，在得到消息后七日之内就调集了30万部队进讨，十月大败叛军。

事到紧急关头，人们往往会犹豫不决。因为这牵扯成败利钝，牵扯是非善恶，矛盾就来了。现实情况往往难有鱼和熊掌兼得的结果，要么取义，要么取利，最怕游移于二者之间。武则天的判定标准单一，所以做起事来果断、坚决，敌人稍有迟疑，就可能被她利用。

徐敬业与魏思温为了反对武则天的临朝称制发动了"扬楚事变"，由于内部矛盾终于被武则天击败。在这一场真刀真枪的较量中，武则天以坚定的意志稍胜一筹。

第四章 斗争

第二节　裴炎之狱

立李旦为皇帝是裴炎与太后两支力量合作的结果，但在这一次行动中，裴炎等不知不觉落入了武则天的圈套中。

裴炎与武则天合作，帮助武则天废除了中宗李显，立李旦为皇帝。但结果却是武则天大权在握，李旦名不副实。对于裴炎等来说，这比"废立"之前的局面更坏！废立之前，李显还享有若干权力，太后临朝称制还不是那么名正言顺，他可以在皇太后与皇帝之间舞智弄权。现在则不行了，虽然同是皇帝，但李旦却是一个毫无权力的皇帝。结果就使得裴炎目瞪口呆，哑巴吃黄连，有苦说不出。

武则天在争夺权力的过程中，有同党，也有敌人和大量的中间派。她善于在后两者中争取到有共同利益的一批人，为己所用，去收拾异己。大的变动发生时，正是利益分合最激烈的时期，也正是武则天利用矛盾施展手段的时候。武则天用变的最好事例是临朝称制前后，她先利用裴炎，后来又消灭裴炎集团。

裴炎梦寐以求的是拥立李旦，而对于临朝称制，他们坚决反对。既然如此，裴炎等为什么这样卖力气呢？这就是武则天的用人艺术。她对裴炎等的心理是了解的，根据后来的事实看，在双方密谋的过程中，武太后根本没有提出临朝称制的问题。她同意了裴炎等的要求：在李显废立后，立李旦为帝。武则天的这种态度，驱使着裴炎等去为她卖力。

李旦被置于无权地位，已经使得裴炎集团深深地失望。在临朝称制之后，裴炎集团更恼怒起来，因为武氏家族地位正扶摇直上。中宗和睿宗的废立，使朝中格局发生了很大变化，其中最重要的动向，是武承嗣的角色变换。二月十五日，武则天以太后的名义在洛阳宫朝堂上为睿宗举行了册"嗣皇帝"的典礼。为武则天安排主持册礼的，既不是受顾命之托的宰相裴炎，更不是远在长安的威望崇高的老臣刘仁轨，而是自己的侄子礼部尚书武承嗣，武承嗣的礼部尚书也是刚刚任命的。这年闰五月又当上了宰相——由礼部尚书改任为太常卿、同中书门下三品。武则天起用的武氏家族，还包括武元庆之子武三思，他先后担任右卫将军和兵部尚书。

自高宗朝末年以来，宰相班子几乎是裴炎集团一手把持的独立王国，裴炎曾为控制这个王国而奋斗多年。以前，他甘冒嫉贤之名以排除裴行俭，甘冒天下之大不韪发动二月废立，排挤韦玄贞，目的都是为了控制宰相班子，他不能让其中有异己分子存在。他不能让武承嗣等的权力再发展下去。

裴炎与皇太后的冲突，集中体现在对兴武和灭李的批判上。礼部尚书和太常卿都是负责国家礼仪的长官，就在武承嗣任此二职前后，他向武则天上书，请求将武氏五代祖以下皆追尊为王，受到裴炎的反对。裴炎还举了西汉吕后大封吕氏最终败亡的例子。但武则天认为，自己是不会重蹈吕氏覆辙的，理由在于，封王生者与追王死者是根本不同的。裴炎却说，追王死者就是为封活着的人为王的阶梯。要防止失败，就应当去掉这个阶梯，所谓"事当防微杜渐"。这是裴炎与武则天矛盾的首次公开化。但武则天不会就此搁置追封之事。到当年九月，武氏祖先就都被封为王。

这是裴炎集团和武氏决裂的第一回合，第二回合是围绕皇太后灭李行动展开的。当武承嗣建议杀韩、鲁两王的时候，武则天找裴炎、刘祎之、韦思谦等人来商量。但后两人这时却都唯唯诺诺，唯独裴炎坚决反对。武则天对裴炎这种态度，自然十分愤怒。

利用的价值早就没了，而矛盾又如此激化，武则天开始考虑除去裴炎了。在扬楚事变后，武则天与宰相裴炎的矛盾终于到了不可收拾的地步，武则天开始向裴炎集团动手。

徐敬业发动"扬楚事变"后，武则天和裴炎都想利用这次事变使局势朝着有利于自己的方向发展。裴炎一方面需要控制叛乱，要使叛乱局限在江南一隅，不发展到中原来，否则，在那种情况下，时局的最高仲裁者将是徐敬业，而不是裴炎，他会被作为废君的逆臣除掉；另一方面，他又需要叛乱。对他来说，叛乱是迫使太后还政的一个筹码，他可以借此向武则天施加压力，逼她交出政权，取消临朝称制，使李旦成为名副其实的皇帝。

徐敬业举兵的消息传到洛阳，裴炎希望能拖延时间，等待事态的扩展，然后借此逼太后归政于睿宗李旦。所以，他并不积极提出讨论平叛之事。当武则天问裴炎平叛之计时，裴炎反而孤注一掷，以叛乱来要挟武则天，说："皇帝年龄已长，却不亲掌政事，所以那些人才得到叛乱的借口。如果太后返政皇帝，则叛乱不讨自平矣。"在裴炎提出以政治方法解决扬州问题意见以后，监察御史崔察立刻上表指责他："裴炎伏事先朝，二十余载，受遗顾托，大权在己，若无异图，何故请太后归政？"意思是说裴炎身受先皇临终之托，手握大权，知道叛乱却不主张讨伐，反而请太后归政于当今天子，此中必有反谋。武则天借着崔察之言，命左肃政台御使大夫骞味道、侍御史鱼承晔将裴炎逮捕下狱，审理此事。

对于裴炎是否参与了叛乱，历来有不同的认识。郭沫若认为他是参与其中的代表人物，他在历史剧《武则天》中设计的武则天审问裴炎的一幕很有代表性：

  武则天：裴炎，你知罪吗？

  裴炎：我不知身犯何罪。

  武则天：你身为宰相，图谋篡夺天位，与徐敬业、程务挺等狼狈为奸，兴兵作乱，荼毒生灵，你自问，当处何罪？

  骆宾王：中书令裴炎要派遣他的外甥监察御史薛仲璋奉使江都，并派遣程务挺将军的亲信给事中唐之奇作为随员。他叫我八月初八的清早寅时，到天津桥取齐，一道赶赴扬州，帮同徐敬业起兵。

  武则天：骆宾王，你去见过裴炎！

  裴炎：怎么？你还没有死？

  骆宾王：你和徐敬业、程务挺，里应外合，是你自己想做皇帝。你还封了我为中书令。

  武则天：中书令骞味道，你可把裴炎给徐敬业的一封密信念出。

  骞味道：英国公麾下：孝逸南下，务挺西迁。缓刑白马，静待青鹅。详由求仁面达，不宜。裴炎顿首。九月四日。

  武则天：我对这信的意思大体上是明白的，是裴炎要徐敬业慢慢起兵。由于程务挺已经调走，李孝逸已经率兵南下，情势变了，所以不得不"缓刑白马"。但这"静待青鹅"一句却也不懂，你们有人懂得吗？

  上官婉儿：裴炎他亲自告诉我，青字是"十二月"，鹅字的行书是"我自与"。"青鹅"的意思就是说，等到十二月，我自己动手。他说到那个时候，估计程务挺可以从单于道调

· 119 ·

回洛阳了。他还给了我这么一瓶砒霜，要我把它放进莲子羹里面，毒死天后陛下，愈快愈好。

郭沫若作如此分析的依据，是唐人小说《朝野佥载》卷五所讲述的一个故事：

裴炎为中书令时，徐敬业欲反，令骆宾王想办法争取裴炎一同起事。骆宾王静思片刻，编出了一首歌谣曰："一片火，两片火，绯衣小儿当殿坐。"然后教裴炎庄上的小儿唱诵这首歌谣，越传越广，以至京城里的童子都会唱。裴炎听到后，乃寻访学者进行解读。于是，召来了大名鼎鼎的诗人骆宾王。裴炎几次向骆宾王赠送宝物，骆宾王都不说。又送给他美女和骏马，骆宾王还是不说。于是裴炎将一幅古代忠臣烈士图拿出来与骆宾王共同观赏，当看到司马懿的时候，骆宾王问："不知相公要解读的是什么谣言？"裴炎告诉他是"片火绯衣"之事。骆宾王听后，当即退下，北面而拜曰："相公是真命天子！"

不过，无论是从现存史料或当时实际政治形势分析，裴炎都不大可能具有篡夺帝位的野心。所谓谋反，只是武则天加给他的一个罪名。崔察的话讲得很明白，裴炎之罪与其说是对镇压反叛态度消极，不如说他想强化其受遗顾托的大权，不积极筹划诛讨，旨在逼太后还政，而不在支持叛乱。

武则天逮捕裴炎是一件风险很大的事，因为她并没有拿到裴炎串通徐敬业的确证，但还是下诏逮捕裴炎，关进监牢。于是，朝中出现了一场营救裴炎的风潮。营救者之中，有凤阁侍郎胡元范、侍中刘景先，还有左卫率蒋俨、吏部侍郎郭待举。实际上出面和武则天辩论的，远远不止这几个人，他们大多是裴炎集团的人。

胡元范等人曾与武则天发生过激烈的争辩。他们说裴炎不仅不是反臣，而且还是"社稷之臣"。胡元范等人的意见，受到武则天的驳斥，但又有人出来辩论。于是，武则天摆出了坚定态度。她说："裴炎有反端，只是你们不知道罢了。"但胡元范等的态度也越来越强硬。他们说："如果裴炎是谋反，那臣等也是谋反！"这话背后的意思是：如果认为政治解决问题就是谋反，那么我们也是谋反者。言下之意，即他们也主张以政治手段解决扬州问题。很大一部分宰相、副宰相和相当一级的高官发难了。武则天的答复是："朕知道裴炎谋反，也知道你们不谋反。"

在复杂的局势面前，武则天态度更强硬。一方面，她将胡元范、刘景先逮捕起来；另一方面，她在九月丁亥日，颁布制书，把骞味道、李景谌提拔到宰相的位置上。裴炎被收监以后，骞味道是被指派审理裴炎的两法官之一；李景谌则是在朝臣们营救裴炎活动展开时，力持异议的人，他论证裴炎必反。

这是武则天极为拿手的一招，其特点就是利用手中的政治指挥棒来操纵时局。每逢遇到棘手的问题的时候，她就鲜明地表明态度：我喜欢的是什么，讨厌的是什么；你们可走哪条道，不可以走哪条道。顺我者昌，逆我者亡。反对临朝称制的宰相，我把他抓了起来；拥护临朝称制，但地位稍低的官员，我把他们提升为宰相。特别是在紧要关头，有的人不一定就是真有德行和才干，甚至是一些小人或投机者，但只要忠心，武则天照样重用。

武则天的这一招使出后，朝中的汹汹之势似乎有所平息，但是，裴党中的中坚分子仍未息止。一份营救裴炎的密表，从灵武寄来，呈表人是单于道安抚大使程务挺。程务挺曾作为裴行俭的副将在平定漠北突厥的叛乱中立下大功，又协助裴炎勒兵入宫废黜中宗，已是军界的实力人物。军方的异议总是举足轻重的。二月废立以后，程务挺在洛阳待了一段时期，第二年七月徐敬业等人的活动还处于隐秘阶段，武则天以为时局已经稳定下来了，就叫程务挺回灵武去。这次回灵武，她给程务挺升了官，以前他是以右武卫将军资格做单于道安抚大使的，而现在他以左武卫大将军的资格做单于道安抚大使。

程务挺不仅与裴炎关系密切，而且与叛乱集团中两个重要成员唐之奇、杜求仁关系也不错。程务挺的密表使武则天深为吃惊。曾有人向她指出：徐敬业、裴炎、程务挺三人是串通一致的，但并没有拿出什么确证。

武则天在压力面前以她特殊的方式表明了态度。她派人到程务挺所在军中将其斩杀，籍没全家。这样的大案，居然没有引起任何波动，只是唐朝损失了一员宿将。还有一位同样由裴行俭提拔起来的干将王方翼，就是为赵持满收尸的人，因为同程务挺素相亲善，又是被废王皇后的亲属，这时也被从夏州都督任上征还下狱，流放崖州（今海南三亚）而死。

在杀裴炎的事上，武则天是不敢轻易下决心的，毕竟，裴炎集团有军方的支持。必须找到更有力的支持才能对裴炎下手。在这个问题上，武则天利用了刘仁轨。刘仁轨是和裴行俭齐名的老将，正任西京留守。长安所在的关中是唐主力部队府兵的聚集地，是洛阳的后院。必须在这位老将的支持下，才有可能镇压裴炎集团。刘仁轨曾经反对过武则天临朝称制，但武则天对他十分容忍，就是想有朝一日换取他的支持。恰好刘仁轨此前受到裴炎等人的排斥，对裴炎独揽大权的做法早有不满，于是，又一笔交易做成了。

光宅元年（公元684年）10月，裴炎被斩于洛阳之都亭。处置完裴炎，轮到那些证明裴炎不反的人了。除裴炎几个兄弟被流放外，刘景先被贬为普州刺史，胡元范流放琼州，不久两人都凄惨地死去。

从武裴双方利用事变的技巧上看，武则天与裴炎心境不同，便可以明了当时双方的高下。武则天的心境，在她阅读骆宾王那篇著名檄文时表现得很明显。当武则天读到"一抔之土未干，六尺之孤何托？"时，立即回头问侍臣："这话是谁写的？"有人说，是骆宾王写的。武则天说："宰相之过，安失此人！"而裴炎有失常态的表现连武则天的亲信姜嗣宗都看出来了。

武则天与裴炎的政治风度存在着如此巨大的差异！当然，两人的政治风度，取决于他们的政治素质和地位。武则天，她居于强者地位，表现得泰然自若；裴炎，他处于弱者地位，不免流露出紧张情绪。武则天没有在裴炎的压力下屈服，她采取措施，保卫临朝称制。这些措施是：调兵遣将，派出讨伐部队；逮捕裴炎，投入监牢。

在武则天和裴炎的较量中，首先是武则天的权力超过了裴炎，其次又是武则天的智力超过了裴炎。在这场竞赛中，裴炎怎能不输？

第三节　打击宗室

李氏宗室曾经是武则天得天下的根本，但等她大权在握后，又成为她最强大的威胁力量。

武则天以李家媳妇夺取李家天下，和李唐宗室的关系紧张而复杂。她消灭李唐宗室的大政策是既定的，但又不能一上来就露骨地屠戮，那样会失去一部分人对她的支持。在对付宗室的过程中，她施展的阳谋炉火纯青。

"扬楚事变"发生后，在选派讨逆流统帅的问题上，武则天通虑全局，深谋远虑。叛乱发生后一个多月，武则天调集了一支30万人的大军，派出镇压叛乱，统帅最后被定为李孝逸。李孝逸和李唐王室有深厚的血缘关系，李孝逸是高祖堂弟淮安王李神通之子，与李世民为同辈，于高宗和武则天则为叔父。这样一个人物，挑选来做讨叛军的统帅，是否合适呢？这时候，一些知名的将领，如程务挺、张虔勖、李多祚、黑齿常之等，他们的声望都比李孝逸高，战场经验也比李孝逸丰富，为什么武则天没有挑选他们而挑选了李孝逸呢？

在武则天的眼中，朝中虽然诸多良将，但大多与裴炎集团有着密切的联系。而当时武则天与裴炎集团的关系正处于微妙的变化中，已经由立李旦为皇帝之前的合作，变成了武后专权后的反对大权独揽。所以，武则天在挑选战将时，首先考虑的就是淘汰与自己有分歧和矛盾的裴炎集团。

李孝逸是来自西南方面的人物，与裴炎集团没有关系。程务挺、张虔勖等人都是来自西北军方面。二月废立时使用的部队，是由程务挺与张虔勖率领的，武则天这次钦点李孝逸，含有一种平衡程务挺与张虔勖权力之意，她需要用来自不同方面的人。而且，李孝逸是在高宗朝末才兴起的人物。武则天临朝称制后，提拔他为左卫将军，甚见亲遇。他不是武氏兄弟要打击的目标，在朝中关系也比较简单，所以武则天要重用他。

尽管如此，起用一个宗室去讨伐一个自称为李唐皇室而战斗的所谓"匡复"政权，这种做法是否危险呢？其实这又是武则天的高妙之处，她任命李孝逸，还含有安抚李唐皇室的意义。叛乱兴起时，在北起燕赵，南迄洞庭的地区，李唐皇室做州刺史之类者，还大有人在，这些人若与徐敬业合流，危害性是很大的。叛军打出的旗号是匡复李家天下，她派出的统帅恰是李唐皇室的成员。这样，就可以表示自己对李唐皇室的信任，对在各地做都督刺史的宗室成员是一个很好的安抚，也是对叛乱集团在政治上的一个有力回击。在"扬楚事变"中，皇室诸王并没有采取支持徐敬业的行动，与这些措施不无关系。这便是阴谋所不能起到的作用，当然，这需要有足够的勇气和信心。

武则天没让李孝逸独掌平叛大军的统帅权，她派亲信魏元忠做监军，又派少数民族将领黑齿常之参加会战，这也算是阳谋中的阴谋吧。

"扬楚事变"后涉及李唐宗室的重大事件是"博豫事件"。武则天与皇室诸王之间的关系，在高宗去世以后的一段时期，是极为紧张的。太宗的弟兄中以韩王李元嘉、霍王李元轨、鲁王李灵夔最为知名。武则天都封他们为高官，为朝廷点缀，却无实权。两都的将军、羽林军将军，都在武则天的侄孙辈手中，这样唐室就自内而亡了。那时她正在推行兴武灭李方针，社会上也大量流传着太后要杀尽唐室诸王的消息。以后，紧张关系有所缓和，李孝逸在其中起了润滑剂的作用。在"扬楚事变"之后，武、李关系紧张的局面又出现了，那种一度熄灭了的政治谣言又流传开了。有迹象表明，武则天将对皇室诸王采取新行动了。

垂拱四年（公元688年）正月，武则天毁乾元殿，作明堂。十二月，明宫改名为万象神宫。早些时候，武承嗣叫人在一块石头上镌刻了八个字："圣母临人，永昌帝业"。他叫人把这块石头丢入洛水之中，然后，又叫人把它捞取上来，并把它呈报给武则天。武则天非常欣赏这种做法，她认为这是神对她事业的祝福。一切都显示政治上立刻就有激变发生，唐室的宗室王公都明白，一个新的朝代的建立已迫在眉睫，宗室面临的危机和打击不可避免了。

明堂竣工之日，武则天要举行一个盛大的典礼。典礼分作两部分：第一部分，是太后驾临洛水，向洛水之神礼拜感谢，这一部分典礼被称为"拜洛受图"，图指的就是那块石头。典礼的第二部分则是"受贺"。拜洛之后，太后还归明堂，接受群臣朝贺，朝贺者不仅包括京官，全国各州刺史也必须来京参加贺礼。这年五月，太后发下诏书，通知包括李唐皇室诸王在内的州刺史，要求他们做好准备，在明堂竣工之日，必须如期来朝明堂。

对唐室诸王来说，邀请是不受欢迎的。在最近几年，他们越来越被排斥而不能在政治上起任何有意义的作用。他们已无寸土之地。诸王很了解京师的事，显然也清楚他们作为武则天实现其野心的障碍，处境很危险，他们是在得知武则天正在准备死亡陷阱这一警告后才突然行动的。他们理解，集体拒绝参加庆典也会获罪，就决定谋反。

唐室王公本来散居各省，于是彼此之间，密信纷飞，与京都朋友之间，也急传消息。谣言究竟可靠不可靠呢？王公们是否去参加典礼呢？在京都的王公们自己也不知怎么想才对，也不知道信什么好。东莞郡公李融写信给友人高子庚，高回信："如欲活命，勿来京都。"

若说武则天与她侄儿武氏兄弟故意散播谣言，说将在京都将诸王一网打尽，用以激起诸王仓促举事，然后像狱吏故意纵放囚犯逃走而自背后射杀那样，这种猜想不能说没有道理。诸王公是慎重处事，在武则天挑拨刺激之下，隐忍不发呢？还是奉诏入都，齐集一处，像成群的猪羊遭受屠宰呢？

大部分李唐皇室中的人都不同程度地参与了反对武则天的密谋，但真正举兵起事的只有博、豫两州，武则天总算把他们吓惊了。她也许盼望他们仓促起事，而自己袖中藏有利剑冷静等待。因为她正是代子临朝，她的儿子就是太宗之孙，即使把唐室王公杀个干净，也算是保卫唐室。这就是阳谋。不过，宗室诸王真造起反来，还是让武则天十分恼怒。自往至今，她对宗室一直采取安抚、容忍甚至笼络政策，但现在他们居然敢于向她发难。不过也好，他们自己跳出来，正好诛除,省得他们长期为患。

博州的行政中心在今山东聊城。刺史李冲是太宗之孙,越王李贞之子。他于垂拱四年(公元688年)八月举兵起事,武则天命左金吾卫大将军丘神勣为行军总管以讨伐,兵未至而李冲已被杀,博州平定。李冲起兵大约七日而败。豫州,行政中心在河南汝南。刺史李贞,太宗第八子。李贞于八月举兵于豫州,以响应李冲。武则天命左豹韬卫大将军麴崇裕为中军大总管,领兵10万讨伐。九月,李贞自杀。李贞起兵后约二十四日而败。

李唐宗室之乱,本应可以造成比徐敬业更大的声势。但是这些宗室子弟之中,竟没有一个能与徐敬业相比的。宗室的失败,当然和在时间紧迫、交通困难的情况下很难组织协调有关,但根本原因还在于,这些宗室豪门贵族的叛乱没有得到广大民众的支持。此时大唐已趋于稳固和富庶,天下民众反对战争,渴望和平。同时,他们也得不到庶族地主官僚的支持,因为武则天的统治很得这一阶层的人心。并且,宗室叛乱之军连本境也攻不下来,说明他们在地方上也很不得人心,特别是他们都死在自己的家门口更说明了这一点。

李冲募兵很久,但没有民众支持,只募得五千余人。他想渡过黄河取济州(山东聊城以西地区),先击本州博州的属县武水,武水县令郭务悌听说刺史跟李冲谋反,连忙派人到魏州去求救,博州莘县县令马云素也闻知消息,带兵千人中途邀击李冲不成,退入武水与郭务悌死守。李冲进军武水城下,用草车塞城南门,借风向纵火焚烧,想乘火突入城去。不想风向突转,反致火烧自己的兵马,只好急退,士气沮丧。手下将领董玄寂对人说:"李冲与国家交战,这是叛逆,所以得不到上天的保佑,反致逆风。"李冲听了,杀了董玄寂。招募的部众不愿随李冲效死,一哄而散,逃入草泽。

"博豫事件"以后，武则天可以把唐室王公一网打尽了。因为王公的公然谋反，韩、鲁两王被勒令来到京师。武则天早就想杀掉韩、鲁诸王，起念在四年之前，临朝称制刚刚建立之际。但那时候，条件还不够成熟，而现在，条件成熟了。韩、鲁两王谋反的证据当然是确凿的，武则天所需要的是他们之间相互沟通串联的情况。从查密谋着手，就可以将大批参与了叛乱活动的人查出来。

韩、鲁诸王的案件，是当时关系重大、举世瞩目的案件，武则天授权一个普通司法人员、后来的大酷吏周兴审理此案。周兴以他独特的手段，得到了武则天所需要的"密状"。他胁迫李元嘉、李灵夔、常乐公主等自杀。以杀韩、鲁等人为起点，武则天开始了对李唐皇室及亲附于他们的士族的大屠杀：

被屠杀者，在垂拱四年（公元688年），有东莞郡公李融，青州刺史霍王李元轨、江都郡王李绪，武则天唯一的女儿太平公主之夫薛绍，还有殿中监裴承先。裴承先是唐室佐命功臣裴寂之孙，薛、裴两家都是关陇集团中数一数二的高门。第二年被屠杀的有：辰州别驾汝南郡王李炜、连州别驾鄱阳公李谭等12人。九月，鄂州刺史嗣郑王李璥等6人被杀。天授二年（公元691年）的后半年，株连的关系性质越来越广泛，越细微，可以说，唐室宗族大多数人及重要的王公都已消灭殆尽。从唐室的族谱就可以看出来五家完全灭门（霍王李元轨、韩王李元嘉、舒王李元名、徐王李元礼、越王李贞），只有鲁王李灵夔、纪王李慎、许王李素节的少数子孙还得以残存。幸免于死的儿孙都流放到亚热带的地方，有的充做奴隶，有的潜踪隐迹，不得出面。

武则天借"博豫事件"基本上完成了摧毁李唐皇室的任务。李唐皇室成员除了李显、李旦等极少数几个人还保留李氏这个姓氏外，绝大多数皇室成员都已剥夺了亲属籍，这就为武周帝国的建立奠定了基石。

第四节　武氏家族

太宗有一雄健、暴躁的名骏，叫狮子骢，为西域番国所赠。太宗喜它剽厚，苦于它不驯。一日，太宗召了几位文武大臣去御厩，问大家："如此良骏，徒闲厩中，诸卿谁能驾驭？"这时武媚娘走到太宗面前，躬身道："臣妾可以驾驭。"太宗问她用什么驯。媚娘答道："只要陛下给臣妾三样东西：一根铁鞭，一个铁锤，一把匕首。先以鞭笞，不驯则施以铁锤，若再不驯，就用匕首割断它的咽喉！"媚娘话音刚落，太宗击掌而赞："有胆识！有志气！"

这是武则天刚入朝时，应对太宗的驯马之道。她运用"铁鞭、铁锤和匕首"来对付不驯服的马，在政治斗争中，她也毫不犹豫地运用这种方法对付自己的亲人——武氏家族。

武则天早年与其家族的感情十分恶劣。她和母亲杨氏对她的两个同父异母的兄长武元庆和武元爽，可以说是仇恨。因为武后之父先娶一妻，生有三男，先娶之妻亡故之后，才娶武则天之母杨氏，杨氏生有三女，武则天行二。武则天的父亲谢世以后，家事为兄掌握，对杨氏冷淡失敬，杨氏衔恨在心。

在武则天攫取权力的过程中，她需要一群人能帮她卖命。在开始阶段，还没有很多人能为其所用，亲属就成了天然的同盟军。在权力和感情的天平上，武则天一向倾向于前者。她没有嫡亲兄弟，好在还有两位关系不睦的同父异母兄长，以及一些从父兄，其中较知名的是武惟良与武怀运，两人都是武则天二伯父武士让之子。

东封泰山之前，武则天试图解开家族矛盾这个结，她提升了兄长们的官职，武怀运由瀛洲长史提拔为淄州刺史，武惟良由始州长史提升为卫尉少卿。武则天的用意，是想博取兄长们的感激之情，使他们能为己所用。但事情的结果，却出乎她的意料。

史书记载：一天，武则天的母亲荣国夫人杨氏设酒宴，席间，她旧事重提，想起了当年家族内的矛盾，对武惟良说："你们记得当年的事吗，今天有什么话讲？"她原想在昔日不肖的家族晚辈面前出一口恶气，让他们在女儿的权威下对自己毕恭毕敬，在女儿的提拔下感恩戴德。哪想到，武惟良回答说："我们有幸因为功臣子弟的身份位列朝廷，早早走上了仕途，但是我们对自己的能力有正确的估计，所以不求富贵闻达。不敢靠着皇后的裙带关系加官晋爵，对于皇后的提拔，我们诚惶诚恐，并不以之为荣。"

武惟良等并没有表示感激之情，他们认为自己早就是功臣子弟，官职来自先人的赐予，他们安于天命，对于原来的官职，表示满足，不想做进一步的升迁。现在皇后对他们的提升，是一种"妄得"。他们反为自己的提升感到忧虑。他们忧虑的是什么呢？武惟良等之所以诚惶诚恐，是由于他们对皇后所做之事也缺乏信心，皇后那种钳制皇帝，以残酷手段打击政敌的做法，是危险的做法。他们不和皇后搅在一起，是为了保全宗族。

在杨氏看来，这是多么不识抬举，多么忘恩负义，多么不可救药。杨氏本来就对武惟良等持有深刻的偏见。现在，她把宴会上的情况，汇报到武则天那里，武则天异常震怒，她要使用她的驯马哲学，把她的铁鞭、铁锤、匕首拿出来了。

武则天是一位驯马高手。她一生中多次使用驯马哲学，现在这一次使用，和以往不同之处是，皇后在她的铁制武器上边，镀上了一层耀眼的光泽！武惟良等不愿意和皇后合作的原因，是不能公之于众的。历史上曾经有过一些在皇后当权的时候采取疏远态度的外戚，不愿意卷入激烈斗争的漩涡里去，他们往往赢得声誉。武惟良等的不合作态度如果被宣扬出去，士族社会将向他们脱帽致敬，而这对于皇后的事业来说，将带来不利的影响。皇后决不能向外间说：我和外戚套近乎，但外戚并不买账，因此我要惩罚他们。皇后只能说，不是外戚疏远我，而是我疏远外家。这样，荣誉将会降临到皇后的头上。于是，她给皇帝上了一通表疏，表示了一种异乎寻常的谦逊态度，她说："提升武惟良等人的职务，将给人一种印象，好像是皇后'私于外家'，而这并不是我真正的态度，他们应该外贬。"

于是，武惟良被贬为检校始州刺史，武元庆为龙州刺史，武元爽为濠州刺史。武怀运本来就是外官，便继续做淄州刺史。武元庆到了大南方的龙州就死了。武元爽却死得不那么容易，他又二度流配到更荒远的地方，遭受控告，被处以死刑。这二人之死，远在千里之外，一个半野蛮的荒僻小县，在清平安逸的朝廷上，没有引起一丁点儿波澜，没有一点儿声响。武氏家族从此被搁置岭南，一搁就是八年！

岭南是唐代流放罪人的区域。高宗在位的前期，流放到岭南是一件极为痛苦的事。皇帝虽然经常大赦天下，广施恩典，但对于流人，却采取了一种冷漠乃至残酷的态度。乾封元年，皇帝在泰山脚下发布了大赦令，这个命令有一个附加规定：流人不许还。这道诏书冻结了流人回调的可能性，李义府于是在绝望中死去。武氏家族中被流放岭南的人也感到了绝望和无奈。

这时候，在武氏宗亲中，宫廷之中还有两个深受皇帝宠爱的人物，那便是韩国夫人和她的女儿，也就是武则天的姐姐和外甥女，她们都是武则天介绍入宫的，她们现在是皇帝的慰藉，春风得意的武则天再一次尝到了被冷落的滋味。但是，武则天并不是一个没经过风浪的女人，她已经侍奉过两个皇帝，在这嫉火烧身的后宫中生活了近二十年，看到她姐姐和外甥女得宠，表面上，她对姐姐和外甥女仍同往日一样的亲热，对见异思迁的君主也并无责备，相反，却表现得更为温顺。

也许是巧合，也有传闻是武则天做的手脚：在深冬的一个夜晚，韩国夫人死了。据说韩国夫人的病很特别，惊悸、发烧，昏睡中总说胡话，大喊她活不成了，有人要杀她。武则天以隆重的葬仪埋葬了她的姐姐。她表面上很悲哀，然而，在她的内心深处，也许在暗自庆幸这次胜利。

韩国夫人死后，高宗陷于沉重的悲痛中，不久后封其女儿贺兰氏为魏国夫人。涉世尚浅的魏国夫人有些欣喜若狂，却不曾料到，她的行动已经引起了她姨母的憎恨，她每向皇上献上一分温情，自己的处境也便增加一分危险。对武氏子侄的仇恨和对外甥女的嫉恨，使得武则天对他们来了个一计杀三亲。

乾封元年（公元666年）封禅大典之后，武惟良、武怀运二人曾随驾东封泰山。归来以后，二人到京，武则天召他们去荣国夫人杨氏宅。按照规定，他们必须向天子献食，这是所有州刺史都必须履行的职责。当下，武惟良兄弟派人将食品取来，跪献皇上。武则天挑出几尾白鱼，令人送至厨下。宴席开始，武则天把烹好的一盘鱼端给魏国夫人。谁知，鱼方下肚，就觉腹痛，霎时间，口鼻流血而死。家宴上顿时大乱，皇上没有了主张，伏在魏国夫人身上大哭不止。武惟良、武怀运更是乱了方寸，六神无主。突然，武则天沉下脸来，厉声喝道："两个忘恩负义的贼子，真是恶毒至极，竟想用白鱼毒死圣上！"两兄弟糊里糊涂地成了刀下之鬼。

自不待言，鱼中的毒药是武则天放的。武则天一计杀三亲这件事曾被后人大加指责，认为她太残忍，嫉妒心过重。其实，武则天之所以这样做不仅仅是嫉妒和报复心的促使，而是由强烈的权势欲所制约。她是一个不达目的决不罢休的铁腕女人，她的最终目的是独揽国家大权。在走向权力的道路上，她不允许任何人来妨碍她、影响她，即便是兄弟姐妹也毫不例外。

诸武子弟因为与武则天母女间的旧怨，遭到了无情而冷酷地打击与惩罚，落魄岭南。武则天没有让武氏子弟中的任何一位来继承其父的宗嗣与爵位，而是另外选择了一位外姓子弟贺兰敏之，令他改姓武氏，袭爵周国公。贺兰敏之是荣国夫人的嫡亲外孙，估计这一决定也得到了荣国夫人的首肯和认可。因为此时的杨氏正和自己的外孙有着非同寻常的关系——贺兰敏之做了武则天母亲杨氏的情夫。史书说敏之年少潇洒，是个帅哥。乾封元年（公元666年），88岁的荣国夫人情欲依然旺盛。她爱上了外孙贺兰敏之。贺兰敏之成为周国公后，武氏家族从岭南回归的希望，就渺茫了。这和武则天的谋划并不合拍。武则天要攫取更大的权力，武氏家族的助力是不可或缺的。但她母仪天下，对生母当然要有所顾及，也就隐忍了那个倚仗老太太宠爱肆行胡为的外甥。

贺兰敏之和魏国夫人同出一母，尽管武则天指定由他来继承武氏宗嗣，并赐予高官显爵，但并没有使贺兰敏之完全倒向武则天这边。贺兰敏之没有胆量从正面来反抗武则天，动辄违背武则天的旨意来一泄私愤。他甚至不顾一切地奸污了武则天和唐高宗亲自选定的太子妃，让李唐皇室蒙受耻辱，这不能只简单地归咎于贺兰敏之的荒淫无度，放荡不羁。

贺兰敏之行为放纵，久已为武则天所不悦，但他悲剧的真正原因来自他和皇帝的一次谈话。乾封元年（公元666年）正月中的某日，皇帝痛惜魏国夫人的去世，泪流满面地对敏之说：这之前我上朝时看

· 133 ·

她还好好的，退朝时就没救了，怎么死得这么仓促？贺兰敏之什么话也没有说，只是对着皇帝号哭。其实，两人心里都明白，都还有未说出的话。武则天听到这个情况以后，说了一句话："此儿疑我！"于是，贺兰敏之就非死不可了。但是，武则天还是将这件事情吞咽了四年多。因为荣国夫人还活着，离不开贺兰敏之，武则天投鼠忌器。对武则天来说，隐忍四年的滋味必定不好受，但她还是忍下了。因为如果和母亲也闹翻，她的声威和势力都会被贬损，她的内心也无法安宁。现在，母亲死了，一切可以按她的计划行事了。荣国夫人在咸亨元年（公元670年）九月死了，次年四月，贺兰敏之就被流放到雷州，半路上被人用马缰勒死。

武则天对高宗的感情，历来有两种不同看法。一种认为武则天把高宗视为手中玩偶，无爱情可言，甚至有杀害高宗的图谋。另一种认为武则天对高宗还是很有感情的。后人已无法再窥视武则天的内心世界，也许她对高宗是一种复杂的感情。但可以肯定的是，当爱情遭遇权力的时候，她决不会因为前者而放弃后者。为了权力，一切浓情厚谊可以放在一旁，一切矛盾纠葛也可以消解。

为了权力，武则天不但可以抛弃亲情，甚至也压制自己的感情。为了长远的目标，她又随时调动宗亲中可以为己所用的力量。

上元年间（公元674年~676年），高宗在泰山封禅时的关于"流人不许还"的诏书在行使了八年之后终于解禁，武则天有选择地召回了一批人。在被召回者之中，最主要的是武氏家族中的人物。武则天的堂侄武承嗣被召回了。不久，武三思和整个武氏家族都回来了。这些人，成为武则天夺权的一支重要依靠力量。

武承嗣的归来，意味着皇后与武氏家族的全面和解。武氏家族中第三代人对武则天的态度与第二代人迥然不同。第二代人是旧日家族矛盾的当事人，他们对旧怨耿耿于怀，并且认为跟着武则天是危险的事。而第三代对旧日矛盾没有切身体会，他们有切身体会的是在岭南的痛苦生活，他们受不了那种生活，唯一的愿望就是迅速离开岭南，回到安富尊荣的境遇中去。诸武子弟在领教了武则天翻云覆雨的手段之后，也比他们的父辈聪明多了。他们对武则天没有丝毫的不满或不敬，只有顺从和依附。他们拥护武则天的权威，亦步亦趋地紧跟其后，为武则天的统治摇旗呐喊。

咸亨五年（公元674年）四月，武承嗣被破格提拔为宗正卿。不过，在高宗去世之前，诸武子弟在朝廷的权势还是颇为收敛与谨慎的。十年中，武承嗣只是一般臣僚，在政治上无特殊表现。一方面，高宗在世之时，武则天对李唐宗室和朝中大臣还是颇为顾忌的。宗室子弟有着皇族高贵的血统和身份，"地尊望重"，在皇宫或者地方都有着较大的势力和影响，同时还有高宗对他们的优待和庇护，不能不避忌。而戴至德、刘仁轨、狄仁杰、裴炎等一批正直能干的朝中大臣的存在也无形中限制了武则天滥用外戚。另一方面，诸武子弟从岭南被召回，武则天要对他们重新认识并改变态度，诸武子弟要小心翼翼地表现自己，双方建立一种新的关系也要经过一个漫长的过程。因此，在高宗统治时期，诸武子弟的政治活动还是颇为保守的，武则天并没有赋予他们太多的权势，武氏子弟无一人担任过宰相之职。诸武权势的增长主要是从高宗死后开始的。

嗣圣元年（公元684年）二月，武则天和裴炎集团发动了二月废立事件，而行册授新皇帝礼的居然是礼部尚书武承嗣。为新帝行册授礼的人必须有极为显赫的身份，当年，绶册武则天为皇后的是当时头等显贵、威望崇高的老臣司空李勣。按理说，当时刘仁轨与裴炎的威望都在武承嗣之上，武则天却不挑选他们，而挑选武承嗣。它向整个士族社会传递了一个信息：准备大大起用武氏家族了。

光宅元年（公元684年）闰五月，武承嗣被任命为宰相。第二个被重用的是武三思。武三思是武则天长兄武元庆之子，他被提拔为夏官尚书（即兵部尚书）。与此同时，武氏家族的小辈人物也迅速得到提拔。太平公主的丈夫武攸暨由驸马都尉做到了右卫将军，他的哥哥武攸宁由凤阁侍郎升为纳言，即门下省的长官侍中。还有武则天的姑表弟宗秦客也做到了凤阁侍郎。

武则天称帝以后，给父亲的庙号是高皇帝，武士彟成了周高祖。追谥先世的同时，还要分封后代。与武则天同辈的人无一健在，其同父异母兄武元爽之子武承嗣封魏王，武元庆之子武三思封梁王，这是武士彟的一支。武士让一支，武怀道之子武攸宁封建昌王、武攸暨封千乘郡王，武惟良之子武攸宜、武攸绪，武怀运之子武攸归、武攸止、武攸望皆封为郡王。武士逸一支有武重规、武载德、武懿宗、武嗣宗四人健在，皆为郡王。武则天不仅将所有在世的侄字辈人物分封为王，还将武承嗣六子武延基、武延义、武延安、武延寿、武延光、武延秀分封为郡王。这样，一个以武则天为核心的武氏宗族集团，就成了名正言顺的皇室集团了。除了封号，还安置他们到朝廷或地方的各级官僚机构中去。武承嗣、武三思当朝用事之时，朝中宰相都依附巴结他们，一时间炙手可热。诸武子弟又与幸臣、酷吏相勾结，沆瀣一气，排斥异己。一支武则天掌控的能在外朝发挥巨大作用的势力形成了。

在对武氏家族的处置中，武则天充分运用了自己的"驯马"哲学。当武氏家族的成员不服她的时候，她运用各种手段使他们被贬黜岭南，或借刀杀人，或诬陷至死。直到流放到岭南的武氏第三代弟子对她唯唯诺诺，一心一意为她办事，而她又处于急需支持势力的时候，才将武氏子弟调回宫廷，授以重用。

第五章 则天皇帝

第一节 女皇

天授元年（公元690年）重阳，66岁的武则天登基称帝，改国号为"周"。

武则天登上了洛阳的则天门楼，宣布废唐为周，改元，大赦。这年的年号原被称为永昌二年，后又改称载初，至此，又改为天授。武周帝国便这样建立起来，临朝称制随之结束。

中国历史上掌权的女主并非武则天一人，但只有她一人做上了皇帝。这难道是其他人的才具不如她吗？非也。武则天称帝是历史为她提供了"势"，而她也能不失时机地乘时窃势，从而制群生之命，掌至高之权，成为中国历史上唯一的女皇帝。

东汉时临朝称制的皇后、太后有六例之多，但无一人能称帝。历史到底为武则天提供了什么"势"呢？最重要的就是中央集权的程度不同。东汉时期中央集权的程度，远不如隋唐坚强有力，体制也没有那么完备。这就决定了东汉的临朝称制是弱势的，而武则天的临朝称制是强势的。

第一，在政治上，隋唐朝廷对地方政府控制加强。东汉时，地方长官自辟僚属。这种地方僚属对长官的忠诚和友谊削弱了他们对朝廷的忠诚，甚至在事变时与朝廷为敌。这种体制，使州郡对朝廷保持着相当的独立性，政策不容易推行下去。但是，在官员们全由吏部选授的唐代，僚属对于长官不承担任何履行家臣之道的义务，朝廷的政策就可以畅通无阻了。说到底，武则天时代，朝廷已把用人权掌握在手了。

第二，隋唐朝廷集权的强有力，还表现在军事上。隋唐之际，朝廷拥有一支强大的军事力量，这便是府兵。府兵的建置，目的是加强朝廷集权，所谓"举关中之众，以监四方"。王夫之认为，唐置府兵，并不是一件好事，因为它有助于武则天夺取天下。由于府兵集中在关中，全国各地的军队加在一起也不足以和关中抗衡，因此武则天才能在夺取朝廷军权之后，转移唐祚。

第三，隋唐朝廷集权的强有力还表现在社会结构上。东汉时，朝廷指名缉拿的人，往往受到了各种不同地方势力的保护，产生了望门投止的现象。而在隋唐之际，这种现象是难以出现的。唐朝有发达的保甲制度，宗族更是社会结构中严密的一环。一个人犯了罪简直是北不可走胡，南不可走粤，严密的社会组织使得武则天把国家控制得更紧。她像是金字塔的顶尖，可以层层控制，在深宫中就能掌控整个政局。

武则天当政时期，对农业生产比较重视。

唐朝继承了北朝隋朝以来的均田制，多次制定了均田令。规定一般民户，成年男子每丁可以占有100亩土地，作为农户占有土地的最高限额。根据这样的理想标准，政府向农户收取相同数量的赋税，实行按人头、户口征收的租庸调制。在制度规定数量内的私田是合法的，超过制度规定的最高限额而占有私田，就是占田逾制，国家有权进行检括。为了进行土地管理和赋税管理，唐朝还有着严格的户籍管理制度。包括登记户口的名籍和登记土地的田籍两部分，民户严禁逃亡。户籍是政府征收赋税徭役、控制社会秩序的保证。

武则天统治的时代，是唐朝经济体制的转型时期。创于北魏的均田制是在战乱之后土地大量被抛荒情况下实行的土地管理制度，国家对土地和人口进行严格支配和控制。随着社会的安定和生产水平的提高，地主阶级要求兼并土地、扩大生产，而大量的农户则力争逃脱国家的户籍，形成了大规模的流动人口群。

对于广大地主兼并土地，武则天政权没有惊慌失措。尽管土地兼并也会造成贫富分化，造成农民逃亡，但当时的社会是稳定的。武则天没有采取行政命令去挽救这种与时代潮流不相符的经济制度，而是对地主兼并土地采取纵容态度，对广大逃户也实行宽容政策。

采取这种政策，是因为随着农业生产力的发展，个体农户的独立生产和生存能力都有了很大的提高。唐代农民失去土地以后，并不像汉朝那样，失去了生活的依存，无法回到土地上，只能去做奴婢或流亡，而是可以重新以佃户的身份，以个体家庭为单位，租种地主的土地，或逃往一些尚未得到开发的山区进行垦荒。总之，他们大都能够回到土地上，重新与土地结合。在汉朝的土地兼并中看到的是大量的"流民"，而在唐朝土地兼并的过程中，看到的却是大量的"逃户"。流民是浮游于土地之外的一种动荡力量，对社会稳定的冲击力很大，逃户是脱离了国家户籍控制的流动人口，他们继续在土地上劳作，有可能造成政府财政收入的减少，但不至于造成严重的社会问题。

土地集中是封建经济发展的必然结果。土地集中带来的也并非只有破坏作用，伴随着土地迅速集中，在唐朝出现的是社会经济的繁荣和发展。从长远来说，土地集中有利于社会财富的积累和社会分工的扩大，有利于扩大社会再生产。占全国人口四分之一到三分之一的逃户，是经济发展的一个推动力。他们出入关防，往来山泽，为一些欠发达地区的开发做出了重要贡献。

武则天时期对逃户的政策，在前期主要还是因循前朝的做法，原则上由地方州县进行搜检，实际上却是流于形式。地方与中央的利益有时并不完全一致，地方在新的经济变动中，发现了自己的利益。保留一定的逃户，正是地方经济利益所在，也是地方官取得政绩的一个重要基础。

武周后期，武则天察觉了这一问题，根据凤阁舍人李峤的建议，对逃户政策进行了调整。一方面，继续对检括出来的逃户采取宽容优待政策；另一方面，承认农户逃亡的现实，通过强力有效的手段，将逃户检括出来，如果逃户不愿意回到原来户口所在地，即允许在逃入地区落户，成为国家合法的编户。

根据这种政策，大量逃离乡土的农户，又有可能重新回到家乡的户籍上来。这样，就把过去简单的检括、惩罚变成重新纳入政府管理范围之内。武则天时代既有户口减少过半的现象，又有户口成倍增长的事实。逃户在一些欠发达地区，形成了许多新的居民点，致使武则天时代出现大量新置州县。

武则天称帝前后，统治形势的变化，选官问题、边疆问题、财政问题，以及因为实行恐怖政策而导致的大量司法刑狱问题激增。高宗、武则天时期在政治体制上做出的最初反应是扩大和完善尚书机构。吏部、兵部、户部、刑部和尚书都省的官员大量增加。

过去尚书令职掌"总领百官"，这是一个独掌相权的职务，尚书省的权力是必然要被分割的。自隋朝以来，尚书令实际上已很少授人，而以左右仆射作为尚书都省的长官。但是自贞观以后，仆射的官职也长期空缺，而六部尚书入相参政的人又日渐增加，这是以下属分割了上级的权力。渐渐地，尚书省实际上已经不能对不断增加的六部事务总汇裁决。到了武则天时期，进一步分尚书省的权力，为了应付行政事务的剧增，增加了尚书都省的主要官员。在武则天称帝之前的永昌元年（公元689年）十月五日，尚书都省设置左右司员外部。一方面的目的是为了加强尚书都省的勾检职权；另一方面，一个部门的权力就这么多，主要官员增加了，分到每个人手里的权力就少了。尚书省作为总管六部的行政中枢的地位就逐渐丧失了。

强权的统治者大都把权力看得很重要，事事躬亲，对官员们不放心任使。不过，人的精力毕竟有限，包揽的结果可能反而管不好。

天授二年（公元691年），狄仁杰第一次拜相。他发现有个大学士要请假回家，居然得上表求得女皇帝亲自批准。狄仁杰当即借此劝谏武则天："臣听说皇帝只有生杀大权不借手于人，其余的事情都交由有关部门去处理。故左、右相的官，对流放以下的事就不管了，因为其地位太高。左右丞的官，就不管徒刑以下的事。那个学生请假，只有丞、主簿等小官才去管，如果天子为这么件小事去发命令，则天下的事怎么管得了呢？"这实际上是借以劝武则天只管作为一个皇帝分内要做的事，不要事事插手，让各职司官员按职权各司其职。武则天赞扬了他。

武则天虽然专揽，但也肯把权放出一部分，那就是给她的私臣。什么人才有资格做私臣呢？打个比方：女皇是头脑的话，私臣就是手臂，只能以头脑指挥手臂，手臂自己不能妄动。私臣可以有能力，但不能有野心，甚至不能有自己的好恶，完全是一个忠实奴仆，武则天才肯放心让他们去办事。只可惜这种人几乎没有，她的私臣一个个都因"辜负"了她被她除去。只有二张兄弟相比较而言最合格，做了她的殉葬品。

出身北门学士的宰相刘祎之，是武则天一手提拔起来的，武则天视之为心腹、为私臣，肯让他当宰相掌大权。但刘祎之后来渐渐地和裴炎越走越近，整个裴炎集团对武则天临朝称制，将睿宗李旦幽禁于别殿是反对的。垂拱三年（公元687年），刘祎之对武则天临朝称制不满，虽未公言其非，却私下与人说出"太后既能废昏立明，何用临朝称制，不如返政，以安天下之心"的话，结果被告密。武则天大怒，她说：刘祎之是我起用的，居然有背叛我的想法，岂不是辜负了我对他的恩宠。武则天是把刘祎之当成私臣，才给他权，现在私臣有了二心，是决不可留的。于是找个借口派人拘审刘祎之。当特使宣敕后，刘祎之坚持"不经凤阁、鸾台，何名为敕"！也就是不接受未经中书、门下两省宰相机关法定程序处理的圣旨。按太宗的成例，这个逮捕他的诏书是要经过他自己批准的，但武则天以女主临朝，势必要破坏成例，武则天另给他安了个抗拒天后专使的罪名。当刘祎之知道天子为他求情时，不喜反忧："太后临朝独断，威福任己，皇帝上表，只会让我的大祸早日临头。"五月，他被赐死家中。

李昭德曾是武则天身边红极一时的人物，他是京兆长安人，作风强悍干练，敢说敢做。

当然，他也是武则天的私人心腹。武则天对李昭德很信任，给以大权。长寿元年（公元692年）八月，武氏子弟中的武承嗣罢相，武攸宁从门下省长官纳言被罢为冬官尚书。与此同时，武则天换了几个新宰相，其中就有李昭德。甚至武承嗣去说他坏话时，反被武则天讥笑说："自打我用了李昭德后，就高枕无忧，是他在代替我受劳苦。"但武则天是绝不肯让大权旁落到对自己有二心人之手。天授元年（公元690年）时，李昭德为内史，在政事堂议政时本应与众人共议，他却偏要在皇帝许可众人之议后再越门下省之权进行封驳，确有刚愎自用，显示于人之嫌。在武则天高卧之时，他不甘于依附皇权的地位，而想脱离皇权这个本体、自树私威。史书说，地方州县和朝廷各台寺的官员，都去拜见李昭德。这些都破坏了"君臣一体"原则，是李昭德被罢相的主要原因。另一个受武则天重用的大臣丘愔劾奏李昭德："臣观其胆，乃大于身；鼻息所冲，上拂云汉！"武则天很快罢了李昭德的相位，让丘愔代替了他。

　　成就大业的人必定不是单枪匹马的孤胆英雄，他所借助的外力必定很多。所借之物，借钱较易，往往可解眼前之忧；借力较难，所以总有散财以求赢得人心助己；而借势最难，有时非人力所能及。

　　武则天的监督分两个层面，一是对百官的监督，二是对更广大的社会层面的监督。对前者，她有一支监察队伍，特别是对重点人员，还设有长期卧底，专司监视。对后者，她发动社会下层的力量，让少数人处于多数人的视线之中。

　　在社会政治经济剧烈变革的时期，武则天急于需要了解各方面对自己政治举措的看法，她需要了解朝臣的信息、地方官的信息，把握整个社会的动向，这就需要畅通的信息渠道，也需要一整套完整的耳目机关。

　　武则天对信息的重要性是早有认识的，对信息渠道的经营和耳目的重视从很早就开始了。早年争夺后宫时，自己亲自在朝堂后的帷幕中监听高宗和顾命大臣的谈话，褚遂良言语不逊，她在后面忍不住出声：为什么不杀了这老贼！与王皇后的斗争中，她设在王皇后身边的耳目发挥了巨大的作用。

　　即使在武则天称帝多年后，她仍有派人直接监控臣下和对手的习惯。她并不满足于对一个人两个人的监督，而是要求一个监督体系能自动运转。

　　武则天在即位称帝的过程中，选官的公开性和开放性在中国古代史中是极为罕见的。其主要途径有科举、自举、告密、试官等。这对廉政建设产生了双重影响。从积极方面说，这些不拘一格，放手选官的做法无疑为各类人才的脱颖而出创造了良好的外部条件；但从消极方面看，必然使官员队伍鱼龙混杂，泥沙俱下。武则天知道官员的冗滥必然导致腐败，造成致命的危害，因而采取了各种监督措施加以防范纠正。其中，改善加强监察部门的机构和作用是有实质意义的。

唐代沿袭隋制，朝廷最高的监察部门是御史台，负责检查自宰相以下各级官员遵纪守法的情况，举报弹劾处理各类违法乱纪的官员。在唐代政权结构中，御史台自成系统，在制度上具有从中央直贯地方的职能。自贞观以后就派遣大臣以观风俗使、巡察使、存抚使等名义出巡地方，但并未形成制度，而且出使的人员也并不固定。武则天时期，御史机构有了明显的扩大。唐初时，其纠弹的重点是京城的各级官员，这种职责范围明显是失当的。因为：一是京官本身处于比较严密的监视制约中；二是地方官员是直接的理民之官，他们的清廉与否直接关系到民心的向背和社会的稳定。加强对地方官员的监察，充分体现了武则天的远见卓识。自此以后，肃政台的官员监察御史、侍御史便一年两次定期出巡全国各地，对地方实行严密的监察。

监察官员的职权范围不但扩大了，权力也大大加强了。武则天时期的监察官员有相当一部分是酷吏，嗜好滥杀无辜，他们又被赋予了生杀予夺的大权，地方官员畏之如虎。武则天时期风闻朝廷使者到来而自杀的地方官员，史不乏书，可见这种监察制度的威慑力强大到何种程度！

监察官员虽说大都品级不高，但他们所享有的地位权势却远比其他官员的高。武则天规定，监察官员只对皇帝本人负责，任何人都无权干涉他们职权范围内的活动。只要他们的行为合法，即使违反她本人的意愿，她也不滥施权威。这种特殊的权力，显然为监察官员行使职权提供了广阔的天地。他们无须事先请示，便可当着满朝文武百官的面，弹劾包括宰相在内的任何官员。长安四年（公元704年），武则天为了表示对宰相苏味道的青睐，下旨令他改葬已去世多年的父亲。苏味道受此殊荣，于是大兴土木，修建墓地。此事为监察御史萧至忠侦知，当众弹劾苏味道借改葬其父，"侵毁乡人墓田，役使过度"等事。武则天对苏味道爱莫能助，只好把他贬为坊州刺史。事后，肃政台长官御史大夫李承嘉觉得此事关系重大，责备萧至忠道："近日你弹劾的事，不请示御使大夫，怎么行呢？"萧至忠答："依照就例，御史台中无长官。御史是人君耳目，允许各自弹劾，不相互通气。如果先请示了御史大夫才允许弹劾，那么要弹劾御史大夫本人，不知向谁请示？"

不只是对朝中和地方的官员，武则天甚至想发动社会各阶层都上传信息，以求对最广泛信息的占有。

武则天在做皇后的时候，是不怎么奖励告密的，临朝称制以后也曾有告密的事例。"扬楚事变"前夕，二月政变之后，发生了一件这样的事：一群参加了二月废立的"飞骑"（禁卫军）兵士，在酒馆里聚饮。其中一人发牢骚道："要是知道废除皇帝之后不给赏赐，咱们何必去逼着皇帝退位。"片刻以后，同座的一个人飞驰起身离席，他奔赴北门，向当局揭发了那个飞骑的言论。那场聚饮还未结束，所有在场者均被逮捕。发牢骚者虽然被处决，未发牢骚者，也因为知反不告而被处决。但总的来说，这时的告密事例不多，告密风气尚未形成，广大的下层告密者尚未发动起来。但在"扬楚事变"以后，形势就变了。

垂拱元年（公元685年）以后，武则天首先采取了一系列保证信息渠道畅通的措施。这年二月，她决定："放置在朝堂上的登闻鼓和肺石，不需要派人看守，有人击鼓立石，就派御史接取状纸来告诉朕。"登闻鼓是武则天为听取臣民谏议之言或冤抑之情所设的悬鼓，让臣民百姓击鼓上闻，一般设在西朝堂外。肺石是武则天让百姓控告地方官吏犯罪（包括谋反）所站立的石头，设在东朝堂门外，因石块色赤如肺而得名。现在撤除防守，由御史接受申诉的表状之后，直接进呈武则天，打通了臣民直接向朝廷告状的环节。武则天此举可以达到双重之目的：一是可以了解下情，于政事有益；二是借以使人放心告密，了解百官动态。

垂拱二年（公元686年）三月，武则天又下令设置铜匦四枚，放置在宫门前，以接受天下表疏章奏。四枚铜匦于六月间置成。铜匦有四个口，任何有所企求的人都可将文字投入其中一口。第一个口用于自荐和改善人民福利的计划，第二个口用于对政府的批评，第三个口用于对不公正的陈诉，第四个口则用于报告预兆、预言和密谋信息。为此，武则天还专门设置了匦使院，长官称知匦使，由谏议大夫补阙检遗充任。铜匦的设立，主要是为了了解社会动向，所谓周知民间事。从这个意义上讲，武则天此举不失为伟大的创举。在制度上为帝王直接受理臣民申诉创造条件，听取百姓对于治理国家各方面的意见及陈诉各种冤屈。

铜匦的设计者是鱼保家。在徐敬业谋反的过程中，鱼保家暗中教他们制作刀、车及弓弩。徐敬业失败，鱼保家侥幸逃脱了追查，但内心还是不安。他得知武则天急于想了解社会动向，就上书献上一计："请铸铜为匦，以受天下密奏。"并且设计了铜匦的式样：其器共为一室，中有四隔，上各有窍，以受表疏，可入不可出。大抵相当于今天的邮政信箱之类的东西。武则天对其大加赞赏，接受了这个建议。鱼保家暗自庆幸，以为获此大功，就可以高枕无忧了。不料铜匦制成后，其冤家很快投了一状，状告鱼保家为徐敬业制作兵器，造成了官军的惨重伤亡。于是，鱼保家成了铜匦受状的最先受害人。从以上事件之中，武则天得到启发，通过鼓励告密，可以尽快得知外间的各种动向。当时的政治环境，对于急于想专权的武则天来说，也确实异常险恶。所以，铜匦的作用很快脱离其"周知民间事"的本意，成为告密的重要工具。

安装告密的"信箱"之后，朝廷向各省各县颁布了命令，只要有人揭发阴谋，要批评朝廷，不论其地位贵贱，地方官长，当一律妥为招待，即使是监狱里一个囚犯，也应当优礼有加。对于这样告密的人，武则天竟然亲予召见。假若他长于辞令，可以做爪牙，便立即封予官职，或授予御史之职，或授予游击将军，并赏予绸缎金银。假若告密的人情报不实，也任其自去，并不处罚。武则天这样做，是因为需要把监督告密的人形成系统而严密的组织，形成无处不在的谍报网。

武则天终于扫除了障碍，登上了皇位，成为中国历史上唯一的女皇。她以自己的权威向天下人昭告：武则天是大唐的女皇，是可以主宰朝政的君主。

第二节　神道设教

武则天与佛教渊源颇深。陈寅恪指出：武则天幼时，即已一度正式或非正式为沙弥尼。其受母氏佛教信仰影响之深切，可证明矣。

武则天对待几大宗教思想的策略是：打击道教，利用儒教，扶持弘扬佛教。

大凡改朝换代的君王，不仅要抓住群臣的心，还要引导民心向己。武则天以弱势斗强势，助力者少，她所做的每一件事都是对时代和传统的巨大挑战，当时思想信仰的两大主流——儒教和佛教都已为武则天所用，前者为她的"革命"理论铺好了路，后者则给她提供了可以统治天下的思想。

唐高祖、唐太宗时期对佛教的态度坚决，基本上是打击与抑制并用的政策。太史令傅奕运用儒家理论三番五次地请求废止佛法，道士们攀附皇室无中生有地诬陷，都使佛教在夹缝中应接不暇。同时，高祖、太宗两次诏令道先佛后以及僧人法琳的下狱流放，都严重地打击了佛教的气势，使初唐佛教在整体上处于低迷之中。反观道教，因为道家学说的创始人老子姓李，李唐王朝的统治者为了攀附前人，说老子是李唐的先祖，尊崇道教。史学大家陈寅恪指出：太宗于此等事皆有政治作用。若推其本心，则诚如其责萧瑀诏书所谓"至于佛教，非意所遵"者也。当日佛教处此新朝不利环境之中，唯有利用政局之变迁，以恢复丧失之地位。也就是说，唐太宗对佛教持一种排斥的态度。

玄奘回国是佛教兴起的一个转机。当时正值太宗朝晚期，对佛教的态度较以往稍显温和，也给予玄奘隆重的接待和较高的待遇。一进长安，玄奘便被安置在帝京的佛教学术中心——弘福寺。入寺之时，盛况空前，"都人士子、内外官僚列道两旁，瞻仰而立"。另外，在玄奘的恳请下，太宗允许其召集京都及各地的高僧大德，组成译场，翻译佛经。这些都使玄奘的社会声望大大地提升，也使同时期的佛教地位有所改善。

然而至高宗时，佛教与儒、道的矛盾逐渐尖锐，有的学者认为这些宗教思想争夺的背后可见武则天的影响和操纵。

唐高宗龙朔二年（公元662年），由一道"令道士女冠僧尼于君、皇后及皇太子其父母所致拜"的敕书，引发出了关于政教之别、儒释之别的大讨论。这道诏书要求僧道人士见到皇帝、皇后、太子及本人的父母要下拜，这是要求僧道遵从世俗的礼节。佛教僧侣的反响极为激烈，京邑僧二百余人还前往蓬莱宫，上表恳请高宗收回成命。群僧齐聚于西明寺，谋划着向高宗和当朝权贵上表，以便得到更大范围的支持，达到废止该诏敕的目的，西明寺的僧人道宣向雍州牧、沛王李贤上启，此时的李贤年仅六岁。

道宣等上启于六岁的孩童，无疑是想取悦于武则天。四月二十七日，道宣又上启荣国夫人杨氏。他这样做一方面是由于杨氏非常崇信佛教，而更为重要的另一方面是因为杨氏贵为皇后之母，可将下情上达于武则天。事实上，杨氏的确具有极强的政治活动能力。当然，杨氏政治活动能力的动力直接来源于武则天，而道宣上启杨氏，也无疑从一个侧面昭示了武则天在这个事件中所能起到的重大作用。五月十五日，"大集文武官僚九品已上并州县官等千有余人总坐中台都堂"，议论此事。群议纷纭，无法形成一个统一的意见。

六月八日，高宗面对众官悬殊难定的商讨结果，只好发出《停沙门拜君诏》,下令"于君处勿须致拜",做出了让步。众僧仍频上请表,请求依旧不拜父母,只是此时的声势已不如前次,而致拜父母之事也就渐渐地悄无声息,不了了之。至此,"致拜君亲"事件告一段落,在该事件中高宗并没有占到多少上风,武则天的身影可以说是在幕后若隐若现。

自永徽六年(公元655年)十一月,武则天被册立为皇后开始,她就积极培植自己的势力,并与高宗争夺最高领导权,在生活上钳制高宗。武则天势力的膨大,使高宗对其不能不有所猜忌,并试图将权力夺回。麟德元年(公元664年),上官仪劝帝废武后事件,即是这种矛盾激化的一个例证。

令人惊异的是,为什么一个小小的女孩子会相信佛教,以至成为尼姑呢?家庭环境特别是母亲对她的影响起了很大作用,荣国夫人笃信佛教,武则天幼时受家庭环境之熏习,自不待言。后来僧徒即借武氏家庭传统之信仰,以恢复其自李唐开国以来所丧失之权势。而武氏复转借佛教经典之教义,以证明其政治上所享之特殊地位。二者之所以能彼此互相利用,实有长久之因缘,非一朝一夕偶然所可致者。

在武则天登上皇后宝座之后,佛教对她来说,更重要的在于其作为一种争夺权力、营造声威的良好的工具。武则天的佛教行为表现得最为醒目的,当属其与玄奘的相互酬答、为法门寺舍利造金棺银椁以及请玄奘为李显剃度等等。如果把这一切看作是武则天从高僧大德和隆重的佛事入手,在佛教领域中与高宗一争高下,则是更为恰当不过的。正是在这种形势之下,高宗利用佛教这一貌似与政治无关的领域,趁武则天即将生育之机,发出了"致拜君亲"的诏敕,"令道士女冠僧尼于君、皇后及皇太子其父母所致拜",以图打击武则天的气焰,

第五章 则天皇帝

· 151 ·

试探朝野各界的态度，为把即将失控的大权从武则天手中夺回做一个准备。但在武则天的幕后操纵下，这场不见硝烟的斗争最终以高宗收回"拜君"成命（"拜亲"后亦不了了之）而告终。

这些宗教活动也是重要的政治行动，皇帝和皇后用这些措施确立了他们作为两种宗教的庇护人的地位，这两种宗教的影响已扩展到整个帝国和各级社会。皇帝用比偏爱个别术士更积极的形式表示对道教的支持。例如，公元666年完成了封禅祀典以后，老子有了更为显赫的新头衔，各州奉命既建佛寺，又建造道观（这是第一次）。公元675年，皇帝下令编撰第一部道教典籍汇编。公元678年他把道士置于宗正寺的管理之下，以正式承认皇室与老子之间的虚构的亲缘关系，同时，道家主要经典《道德经》被列为参州举考的必修科目，与儒家经典不分上下。

就在此时，对佛教的庇护改由皇后援手，那些希望接近皇帝的佛教徒显然把她看成是赞助人和保护人了，皇后需要这样广泛的支持。史书说：在武则天做皇后时，朝廷特重佛法，诏仍令僧尼居道士女冠前，禁止天下屠钓八年，收天下僧钱作大佛像。长安洛阳两京译经的人特别多，其中以实义难陀和菩提流志最为著名；义净法师留学天竺25年，证圣元年（公元695年）归国时，武则天到上东门迎劳，下诏让他在佛授记寺译经；大师神秀也是武则天迎入京都的，自此，禅宗势力闻名全国。武则天也是宗教建筑的主要赞助人，在她当皇后时期，她主持在龙门石窟里凿刻了大量的佛像。

上元元年（公元674年），武则天称天后。这一年，她终于成功地废除了太宗关于在宗教仪式上重道轻佛的诏令。从此以后，两种信仰地位平等。

武则天也没有丢掉儒家这块阵地，毕竟，儒家的思想才真正是当时统治者的意识形态。

　　武则天觉得在文化方面还无所表现，于是她让自己的学者班子北门学士修撰典籍，为她的政治目的服务。武则天用自己名字监修、或径用自己名字著作，内容则多少与提倡道德以致太平相关。除去《列女传》之外，还有表现武则天关于君臣大义的《臣轨》。这个文献以太宗的《帝范》为模式。它体现了武则天的政治哲学，主要包括从儒家和道教经籍中精选的引语，分列于"至忠章"和"利人章"等标题之下。至少前言是武则天本人写的，正文反复提到如下的格言："父子虽至亲，犹未若君臣之同体也。""夫人臣之于君也，犹四肢之载元首，耳目之为心使也。"它不断地强调忠诚，强调国家的权利高于个人。长寿二年（公元693年），她用《臣轨》代替举子的必修课程《道德经》，这是她打击道教的一大措施。当然，这是后话了。当时还有与《臣轨》同为一类的《百僚新戒》及音乐和礼仪方面的著作《乐书》。

　　祥瑞是上天对人君的嘉意。自从武则天当了皇后以后，大唐的祥瑞一下子多了起来。特别是当了皇帝以后，祥瑞应接不暇。河里出了绿毛龟，水中拣出了赤心石，都有人进献，对这些可笑的现象和行为，武则天很少怪罪。

　　武则天还大兴神道教化的设施。她兴造天枢、明堂、九鼎，以及封禅泰山，乃至一再改元，似乎只有借助这些她才能获得信心，才能强化她的神秘力量。她觉得如此才能够向天下臣民"证圣"，才能够彰显自己是"天册万岁"。

　　李君羡事件反映了武则天要影响控制世人的头脑。开国功臣李君羡某日当值玄武门，时值太白星屡次在白天出现，太史占卜说："当有女主昌。"民间又谣传说："唐三世之后，女主武王代有天下。"李世民对此很忌讳。后来得知李君羡小名为"五娘"，想起太史和谣传

· 153 ·

之言，找个借口将他杀了。到了武则天称帝，李君羡的家属诣阙诉冤，女皇利用此事大做文章，下令恢复李君羡官爵，重新礼葬。她是想让人们相信，她称帝是天意。其实是否真有所谓谣传，还是有人加以渲染，是无从考据的。

要在高祖、太宗、高宗以后的唐朝帝统中安放自己的位置，以母后身份称帝，历史上没有先例。武则天急于寻找理论依据，朝廷百官挖空心思，翻遍典籍也找不出一条过硬的依据，只有春官尚书李思文（徐敬业之叔，李勣之子）在《尚书·武成》篇中找到一句"垂拱天下治"的话，附会武则天用过"垂拱"年号，以此作为受命的依据。武则天对这种牵强附会的说法很高兴，以此昭示天下。

在垂拱四年（公元688年）五月，她把旧的称号放弃，自己改称"圣母神皇"。因为"皇"字可以男女兼指，总之是帝王之称，所以存心选择这个意义含混的字。"皇后"只是皇帝之"后"，不好。她是真心要自称"皇帝"。黎民百姓对她称"皇"习惯了之后，她再改称"皇帝"，早晚是要改的。"圣母"二字表示的是坐在万象神宫里的女神，这两个字的意义是至关重要的。这是武则天当皇帝最初所做的舆论准备和试探行动，她要知道天下人是否会接受她当皇帝。

在武则天看来，"武氏"是对她歧视的称呼，决不能以此来把自己写进历史，武则天希望有一个响亮而能体现她的地位身份和业绩的名字。时任中书侍郎的宗秦客于是迎合了她的这一需要。武则天自己取名字为"照"，宗秦客把"照"改成"瞾"字，这字不仅是巧在"日月当空，恩被天下"的寓意上面，而且还巧在这个字对儒士的攻击做了回应。儒士认为武则天是女子，只能主"阴"，不能处阳位，当皇帝。而现在武则天名字里既包含了月（为阴），又包括了日（为阳），阴阳调和，主宰天下。她说，这个字象征"天下来归瞾朕之政"。敦煌和当时的碑文，表明了这个字的广泛流行，并且不时被新字补充。这些都显示了武则天对象征符号持久的兴趣。

在儒家经史里面，她能做的文章就只有这些了，其他的几乎全是对她不利的东西，正统儒家是反对"牝鸡司晨"的。道教她曾经尊奉过，但那是李家的东西，可供女皇利用的有限。所以，武则天最终只有向佛教寻求奥援。

7世纪时，弥勒净土宗在唐朝广泛流行，在这种情况下，便出现了武则天是弥勒转世的说法。一种弥勒转世说最初出现于垂拱四年（公元688年）。这年四月，武承嗣伪造瑞石，称瑞石从洛水中得来，石上有铭文曰："化佛从空来。"从空而来的化佛，便是弥勒。这是武则天所倡弥勒转世说的最初形式，它是以"灵异""祥瑞"的形式出现，而不是以佛经的形式出现，这种说服力还不很大。

薛怀义在这方面立有大功，史书记载：薛怀义与法明等人造《大云经》，陈说天命，称武则天是弥勒佛下生，李唐气运衰微，武则天代表天命建立周朝。当时一部不重要的《大云经》有两种现成的译文。经中包括弥勒佛即将下凡为女神和君临世界的预言，流传至今的一个版本对武则天时代作了令人目眩的预言，它描述道："谷米丰熟，快乐无极。人民炽盛，无有衰耗、病苦、忧恼、恐怖、祸难……邻比诸王，咸来归属……尔时诸臣即奉此女以继王嗣。女既承正，威伏天下。"薛怀义发现《大云经》里有女主降生成佛之文，就取旧译本加以新的疏解，巧为附会，为武则天篡位制造舆论，证明她的"革命"符合佛教的授记。他们还将武则天说成是弥勒佛下生，套用南北朝以来流行的"皇帝佛""皇帝菩萨"的说法，把女皇塑成当今的"皇帝佛"。

武则天非常高兴地颁布了这一教义。她在全国各州兴建国家维护的大云寺，把《大云经》布告全国。九名编写注疏的高僧被封为县公，恩准披紫色袈裟，一千多名佛僧被授予圣职。武则天就公开承认自己是弥勒佛转世之说了。

弥勒转世说广为流传之后，武周帝国便宣告建立。由此可见，此说与武则天称帝，关系何等密切！自此以后，一般的官僚，也大讲弥勒转世说。武则天称帝后更是力倡佛教，因为她自己就是一个佛。在天授二年（公元691年），武则天下旨，凡在行进的行列之中，和尚与尼姑必须排在道士之前。

佛教在武周帝国建立过程中，起着巨大的作用，它与恐怖政治构成帝国的两大支柱，但薛怀义事件对佛教这根支柱产生了严重的冲击。薛怀义是个粗暴冲动的人，他在公元695年的新年朝贺中被公开冷落后，就纵火焚烧明堂。熊熊烈火把明堂焚毁，这对武则天的弥勒转世理论是个沉重的打击。根据佛教，相传弥勒在元旦诞生，故信众于每年元旦举行弥勒诞生法会。佛教传弥勒在兜率天宫弘法，而武则天耗费巨大人力物力修建的明堂就是要表明自己要仿照弥勒弘法，明堂正是兜率天宫。当时人们描述女皇御明堂的意义，是"百神受职，万国来朝。既配帝而严禋，亦统天而布政"，可见明堂对于统治的重要性。它却偏偏被弥勒转世理论的倡导者所烧毁，这是多大的讽刺啊！武则天采纳了太平公主的建议，把薛怀义诱至宫内秘密处死。

近现代研究魏晋南北朝隋唐佛教史的大家汤用彤认为：在薛怀义被处决之前，武则天与佛教僧徒的关系主要是"勾结奸僧"。而在薛怀义被处决之后，则是"崇礼高僧"。由"勾结奸僧"到"崇礼高僧"是武则天与佛教关系史上的重大变化。

在高僧中，华严宗的法藏、实叉难陀，禅宗的神秀最受宠礼。在武则天与以上三人的交往中可以看出,他们都与薛怀义无任何关系,他们被礼尊是在薛怀义被处决之后。他们与以武承嗣为代表的武氏家族,以及酷吏均无任何关系。他们被礼尊,纯粹是因为本身所具备的条件。

臣民对佛教的信仰因薛怀义事件受到了严重的冲击,武则天想维护这根支柱,便采取了礼尊高僧的办法。礼尊高僧使得武则天获得了巨大的政治利益。薛怀义等都是声名狼藉的人物,他们的欺骗作用有限。而法藏的哲学、神秀的修行,在信徒眼中具有极高的威望。一次法藏在佛授记寺讲经,突然发生了地震。武则天极为兴奋,地震被解释成"如来降迹",武则天就是要引导人们相信,神仍在宠爱武周帝国,它并没有因薛怀义事件而减少了对武则天的爱护。神秀所起的欺骗作用更大,自从武则天对他下拜之后,许多人也跟着对他下拜。王公以下,数以万计的京都臣民对神秀顶礼膜拜。武则天的下拜,掀起了一股宗教狂热,武则天挽回了薛怀义事件给她带来的损失。

史学大师陈寅恪认为:"武则天以女身而为帝王,开中国政治上未有之创举。如欲证明其特殊地位之合理,决不能于儒家经典求之。此武则天革唐为周,所以不得不假托佛教符谶之故也。佛教在李唐初期为道教所压抑之后,所以能至武周革命而恢复其杨隋时所享之地位者,其原因固甚复杂,而其经典教义可供女主符命附会之利用,要为一主因。"

武则天崇尚佛教,正是她利用神道巩固统治的聪明手段。

第三节 用人有术

《资治通鉴》一书中写到武则天的用人之道："虽滥以禄位收天下人心，然不称职者，寻亦黜之，或加刑诛。挟刑赏之柄以驾御天下，政由己出，明察善断，故当时英贤亦竞为之用。"

武则天当上皇帝之后，为了实现政治野心，需要培植自己的势力，她的手段之一是发展科举，让大量的平民百姓加入官僚队伍中来。隋唐以后，门阀制度虽已衰落，但其历史影响根深蒂固。是武则天顺应历史潮流，加大步伐破坏门阀制，让寒士大量进入政权内，淘汰了大批反对她的旧贵族。

国学大师钱穆在提到科举制时说："此制用意在用一个客观的考试标准来不断挑选社会上的优秀分子，使之参与国家的政治。此制度的另一优点，在使应试者怀牒自举，公开竞争，可以免去汉代察举制必经地方政权的选择。在此制度下，可以促进全社会文化向上；可以培植全国人民对政治之兴味而提高其爱国心；可以团结全国各地域于一个中央之统治。"

科举制可作为一种重要象征，对一切有资格参加的人来说，特别是对低级贵族来说，它是提高他们社会和经济地位的关键；对高级贵族来说，它是保持他们地位的最重要的手段。它推动了这两个集团的官僚化和城市化，它在削弱官僚集团以前那些地方的、离心倾向的特征方面起了重要作用。

科举制在武则天时代获得空前发展，以至成为封建社会选官选材的主要制度。在武则天执政期间，取进士达一千多人，平均每年录取人数，要比唐太宗时增加一倍以上。过去考试贡生，考卷都要用纸把考生的名字糊起来，以防考官作弊。武则天废除糊名制，这实际上是要从宽取士。武则天放开手脚，广开仕途，使大量的普通地主和下层贫民，涌进了武氏王朝的官僚队伍，甚至出现了官职贬值现象。

高宗时期，制举开始制度化、规模化。公元684年8月，安葬完高宗以后，武则天于9月下令改元光宅，改换官名，同时以三科举人。垂拱四年（公元688年）平定宗室叛乱之后，当年十二月便开科举人。自垂拱四年至天授二年（公元691年），在武则天走向皇位的过程中，制科连年举行，策问的内容都是围绕着"革命维新"而展开的。载初元年（公元690年）二月，武则天还到洛阳皇城南门之内的洛城殿上亲自策试举人，这被认为是科举三级考试中殿试的开始。武则天希望能从这些人中选拔出一些为自己称帝服务的人才，所以非常重视，亲临考场，把自己正在思考的问题向举子们和盘托出。武则天亲自担任主考官的另一层考虑，是不假他人之手，既可以增加"贡士"被录用的光荣感，又可以阻止"贡士"与考选官之间派系恩怨。

武则天还推行"武举"考试，以期由此唤醒人们的尚武精神和从中选拔将帅之才。长安二年（公元702年）正月十七日，武则天在长安的禁苑举行了历史上第一次"武举"考试。

在武则天去世半个世纪后出生的名相陆贽在他的《翰苑集》中，有一段话对武则天用人之道给予很高评价。他说："则天太后践祚临朝，欲收人心，尤务拔擢。弘委任之意，开汲引之门，进用不疑，求访无倦，非但人得荐士，亦许自举其才。所荐必行，所举辄试……是以致当代谓知人之明，累朝赖多士之用。"唐玄宗所谓"开元盛世"中的一些名臣宰相、文人学士，都是在武则天统治时期所培养出来的。这与武则天选拔贤良、任人为能是分不开的。

武则天临朝称制之后,在破格用人的问题上采取了一系列更直接、更大胆的举措。史书记载:武则天临朝称制以后,在亲祠明堂及南郊、拜洛受图、封嵩岳等重大的礼仪活动中,抽取许多弘文馆和国子监的学生,充当祭祀时服务的斋郎,典礼结束后,都给他们做官的资格,直接参加铨选,获得职事官。通过这样途径获得官职的人,不可胜数。

武则天在历史上受到批评最多的政治措施,除了任用酷吏搞恐怖政治之外,大概就是选官太滥了。最有名的一个事例是,武则天称帝后,迅速派出以左纳言史务滋为首的十人巡抚诸道,称为十道存抚使。他们的任务除了安辑地方之外,还负有向朝廷举荐人才的使命。

天授二年(公元691年)冬,他们带着从各地举荐出来的人,回京复命。武则天在第二年一月接见了这批人,并将这批低级的地方官吏都提拔为朝廷各部门有特殊地位的官员。不问他们的品行才能,一律加以擢用。由于原有编制已满,就让他们做试官。职位高的,做试凤阁舍人、给事中;稍次一些的,做试员外郎、侍御史、补阙、拾遗、校书郎等。用"试官"的名义将他们安置,具有见习、候补的意思。这是唐代设置"试官"的开始,这次破格用人有着特殊的背景,其"滥以禄位收人心"的色彩尤其明显。

此次被擢升为拾遗、补阙的有60人,擢为侍御史的有24人,擢为著作佐郎及大理评事等的有24人,擢为卫佐的有22人。仅从拾遗、补阙的人数就可看出其扩充官僚机构的严重程度。这是武则天临朝称制后新创设的官,左右补阙从七品上,左右拾遗从八品上,官品虽不高,位置却很重要,分属门下、中书两省。这一次新提拔的补阙、拾遗就达60人,难怪人们要编出这样的歌谣加以讽刺了:"补阙连车载,拾遗平斗量。"当时举人沈全交更续了一句:"糊心存抚使,眯目圣神皇。"表示对滥授官爵的不满。当时左肃政台御史纪先知查出了后两句是儒生沈全交写的,就把他抓来,要以诽谤朝政的罪名惩罚他,提出先在朝堂当着百官打他几百板子,再交刑部处置。武则天说:"算了吧。只要你们选人不滥,哪怕别人胡说八道呢?"明代哲学家李贽读到《唐书》的这一记载,写十个字说:"胜高宗十倍,中宗万倍矣!"

武则天授官虽滥,但重视政务官员的任用。政务官员是理民之官,承担着国家日常的行政事务。武则天对高级政务官员,尤其是宰相的任用,极为重视。宰相是最高政务官,日理万机,处于一人之下,万人之上,是否得人,关系重大。武则天虽然把武承嗣、武三思等宗亲以及一些私人心腹也提拔到宰相的位置上,但时用时罢,即使任用时,也主要利用他们与自己的特殊关系来监视其他朝臣,而行政实权,一般都掌握在一些确实德才兼备的宰相手中。

对中下层官员,虽说有过滥之讥,但武则天能够依据官员们在政务活动中的实际政绩,做到"能者留,庸者去",或通过各种手段,尤其是监察司法官员使用严刑酷法,不断地对不合格者进行淘汰。这样,就保证了在行政一线工作的官员的廉能。正是在这种不拘一格的用人制度之中,武则天巩固了自己的统治。

在政治环境允许的条件下,武则天总是尽量使臣下人尽其才,可谓用人用到了点子上。分析一下那些著名大臣的任官经历,联系当时的政治背景,武则天的每一个任命都不是随意做出的,可以看出她既谙世又知人的高明之处。作为一代女皇,她的用人眼光有独特之处,到底什么样的人能入女皇的法眼呢?

许敬宗:忠心有学问。许敬宗一直是作为皇后的武则天在外朝的主要支持者。许敬宗学识渊博,他曾参与编纂唐以前历代王朝的历史、本朝高宗及太宗的实录、全国重要人物的家谱、大部头的类书《文思博要》及其他许多项目。他留下了厚厚80卷的个人文集。他是为武则天提供历史先例及行政管理经验的重要人物，另外，他本人也是很有效率的行政官员。

吉顼：魁梧有辩才。吉顼原来与来俊臣关系密切。但来俊臣准备罗告吉顼。原因是，来俊臣独揽办案的功劳。俩人的矛盾便尖锐起来了。吉顼是权变之士，当他得知来俊臣的意图之后，便采取了反告密的方法，被武则天召见，得以幸免。他敏捷的辩才和魁梧的身材，给武则天留下了深刻的印象，成了武则天的心腹之一。当然，他也因一张利口而得罪了许多人。

徐有功：耿直有原则。徐有功以用法宽恕，敢直接与武则天争辩而著名。李冲谋反时，家奴与贵乡县尉颜余庆相好，后李冲战败，有人告说颜余庆知道李冲之逆谋。来俊臣也审出他们有信件往来，连魏元忠也落得该问死罪。但徐有功却说："永昌赦令说，与李贞同恶，魁首已伏诛，支党未发者赦免之。颜余庆赦后被告，可称是支党。今以支为魁首，是以生为死。赦而复罪，不如勿赦；生而复杀，不如勿生。我认为朝廷处置不当。"武则天恼怒地问："你以为什么才叫魁首呢？"徐有功说："魁者，大帅；首者，元谋。"武则天说："颜余庆还不能算魁首吗？"徐有功答："魁首者，李贞是也，已经伏诛。余庆今天才治罪，不是支党是什么呢？"武则天怒稍平，说："那么大家再重新议议吧。"结果还是免了颜余庆的死罪。当时，在朝堂上有数百人，都吓得连气也不敢出，只有徐有功却像没事人一样。

郭元振：胆大有见识。郭元振18岁举进士，授梓州通泉县尉。他为人好结交雄豪，尚侠义，年少时多为劫财济人之事。在朝直言敢谏，遇事敢争，杜甫赞其"直气森喷薄""磊落见异人"。他的诗《古剑篇》当时广为流传，据说武则天览而佳之，令写数十本，遍赐学士李峤、阎朝隐等。郭元振并因此深得武则天的赏识和重用。原诗照录如下：

君不见昆吾铁冶飞炎烟，红光紫气俱赫然。良工锻炼凡几年，铸得宝剑名龙泉。龙泉颜色如霜雪，良工咨嗟叹奇绝。琉璃玉匣吐莲花，错镂金环映明月。正逢天下无风尘，幸得周防君子身。精光黯黯青蛇色，文章片片绿龟鳞。非直结交游侠子，亦曾亲近英雄人。何言中路遭弃捐，零落飘沦古狱边。虽复沉埋无所用，犹能夜夜气冲天。

郭元振曾屡次参与边事而立功，曾在凉州南境置和戎城，北境置白亭军，控制要冲，拓州境1500里，从此吐蕃不敢兵临城下。他还令甘肃刺史李汉通开置屯田，兴修水利，继承娄师德的屯田事业。后来还招来民众耕种，所积的军粮可支西北军队数十年之用。

万岁登封元年（公元696年），王孝杰、娄师德与吐蕃将领论钦陵在素罗汗山交战，这一仗唐军大败。但这年九月，吐蕃派使者来东都，请求和亲。为了探听虚实，武则天派郭元振前往吐蕃。论钦陵接见了郭元振。原来吐蕃停战是有条件的，他们要唐朝从安西四镇撤军，再将突厥十姓的一部分土地割给吐蕃，郭元振和他据理相争。回到洛阳后，郭元振向武则天如实禀告，并说，割地事关利害，不可轻易举措。如果断然拒绝吐蕃的"好意"，让他们得了理，他们可能会明目张胆地侵犯。不如先稳住他，再想办法。郭元振还让武则天相信，论钦陵在吐蕃人中日益不得人心。吐蕃百姓都希望和唐朝讲和，唯独论钦陵拥兵专权，不愿和平。朝廷可以年年往吐蕃派和亲使，论钦陵必不同意讲和，长此以往，内部对他的不满就会越来越大。于是武则天派使者前往吐蕃就和亲与交换领土事宜进行谈判，而使者的真正目的是挑拨离间。果然，圣历二年（公元699年），吐蕃发生事变，赞普和论钦陵发生斗争，论钦陵兵败自杀。

武则天对郭元振在这次危机中表现出的胆识大加赞赏，郭元振以一个六品参军而迅速升为大将。

娄师德：稳重有气量。娄师德长期在边疆任职，有丰富的治军、屯田经验，委以陇右诸军大使的身份，足可抵御强大的吐蕃，不管山东、河北凶险有多大，始终没有挪动娄师德的位置。到天授元年（公元690年），累授左金吾卫将军检校丰州都督，依旧知营田事。长寿元年（公元692年），娄师德被召回拜为夏官侍郎、判尚书事。第二年，拜为宰相。为了边疆营田的需要，武则天让他以宰相身份充任河源、积石、怀远等西域驻军及河、兰、鄯、廓等州检校营田大使，其官阶也不断得到升迁。

娄师德荐贤而不居功。狄仁杰的入相，部分是得益于娄师德的推荐，但狄仁杰并不知道，做宰相后，对这位忠厚的老好人颇有轻视，几次把他排挤出朝。武则天看出狄仁杰对娄师德的有意排挤后，曾问他："师德贤乎？"狄仁杰答道："为将能谨守边障，贤则臣不知。"武则天又问："师德知人乎？"答曰："臣尝与之同僚，未闻其知人也。"武则天告诉他："朕之知卿，乃师德所荐也，亦可谓知人矣。"狄仁杰后来感叹道："娄公盛德，我为其所包容久矣，吾不得窥其际也。"

娄、狄二人的任用正是女皇知人善任的一个剪影呢！

娄师德自上元元年（公元674年）入为监察御史，至圣历二年（公元699年），在武则天驾下历仕近30年。由于他器量过人，大智若愚，虽大狱屡兴，罗织不绝，他却从未被殃及。面对个性很强的女皇帝，刚直者遭忌，阿谀者被轻视，都难逃武则天的铁腕，唯有娄师德却能一直保全功名。

唐休璟：山川要害，了如指掌。唐休璟，京兆始平人。高宗时被破格提拔为丰州（今内蒙古五原南）司马，委以在中路抵御突厥的重任。垂拱年间（公元685~688年）迁为安西副都护。永昌元年（公元689年）升任西州都督后，积极筹划收复安西失地。他上表请求收复弃于咸亨元年的安西四镇龟兹、于阗、疏勒、碎叶。后来武则天命王孝杰率军击吐蕃，于长寿元年（公元692年）冬收回了四镇。

圣历年间（公元698~699年），唐休璟升为三品的司卫（卫尉）卿，实际职务是凉州都督、右肃政御史大夫、持节陇右诸军副大使。久视元年（公元700年）秋，吐蕃侵凉州，唐休璟在洪源谷大败之，六战皆捷，俘获其副将二人，斩首2500级。这是长期以来与吐蕃交战中少有的大胜利。长安二年（公元702年），吐蕃遣使入朝请和，武则天设宴招待，回京述职的唐休璟参加了宴会。吐蕃使者论弥萨几次过来窥看唐休璟的模样。武则天问论弥萨，为何对我大将这么感兴趣，他说："此将军勇猛无敌，数败我军，故很想认识他。"武则天听了，即命提拔唐休璟为右武威、左金吾二卫大将军。

唐休璟是在边疆成长起来的将领，对边疆事务非常熟悉。东起辽西的碻石，西至西域的四镇，绵亘万里的边疆地带，唐休璟皆能记住其山川要害，用兵之时了然于胸。当时，西突厥发生战事，武则天令唐休璟与诸宰相讨论此事。一会儿，奏疏就上来了，武则天令依议而行。后来十几日，安西诸州请兵接应，路程日期都如唐休璟所画。武则天说道："恨用卿太晚。"接着又对诸宰相说："休璟熟习边事，卿等十个抵不了他一个。"

长安三年（公元703年），唐休璟因筹划西域事务有功，随即被任命为夏官尚书、同凤阁鸾台平章事，成为著名的"军人"宰相。

上官婉儿：此女非凡骨。武则天选拔人才不仅不计门第，而且不避仇人。上官婉儿是武则天身边的"机要秘书"。照常人看来，上官婉儿是不能重用的。因为她的祖父上官仪曾与高宗密谋，要废武则天为庶人。武则天以"大逆之罪"将上官仪打入狱中致死，上官仪之子上官庭芝也被处斩。上官庭芝唯一的后代，年仅一岁的婉儿和母亲郑氏，因为是女性所以被充为后宫的宫婢。婉儿自幼聪颖，和宫人经常同去习艺馆，开始跟宫教博士正式学习经书、史书、书法、算术、吟诗以及宫廷的礼节、棋弈，均获得优秀成绩，尤其是在诗词方面，更有非凡的才能。婉儿的才能，传到武则天的耳里，武则天下令召见，命婉儿用"剪彩花"为题作一首诗，婉儿当面写成"春至由来发，秋还未肯疏。借问桃将李，相乱欲何如"的诗句。武则天问婉儿："借问桃将李，相乱欲何如"两句话是什么意思？婉儿答："是假的花，要以假乱真。"武则天问："你是否有意含沙射影？"婉儿答："诗是没有一定解释的，要看解释人的心境如何，陛下如果说我是在含沙射影，奴婢也不敢狡辩。"武则天叹道："做得这么快，又这么切题，又这么敢直言。"再让她执笔写字，强劲、雄浑的笔法，不像出自少女之手。武则天在内心感叹："此女绝非凡骨。"立刻命婉儿离开掖庭（宫婢住地），常侍身边，专掌诏命。

裴炎：倔强而难制。裴炎虽被武则天杀死，但武则天对他的评价并不低，"倔强难制"，被武则天认为是难以制服的人。在那个时代，确实是比较难得的人物。他和武则天有三次冲突，每一次都是言人所不敢言，没有屈服过。而且他一生耍弄了不少阴谋，算得上是那个时代为数不多的几个能称得上武则天对手的人。

裴炎从下狱的第一天起，就表现出一种不妥协的态度。有人劝他改变提法，由原来的反对太后临朝称制，改变为拥护太后临朝称制。照建议人看来，改变提法以后，裴炎就可以转危为安，保住身家性命。但裴炎拒绝了。他说："宰相下狱，哪还有保全的道理！"从历史的经验看，贞观朝宰相29人，下狱者3人，即侯君集、刘洎、张亮，结果都被杀。高宗朝宰相47人，下狱者3人，即长孙无忌、韩瑗、柳奭，结果都被杀。如果是一般的过错。宰相不可能下狱，下狱就必定是宰相与皇帝之间发生了重大的政治利害冲突，裴炎与武则天的冲突正是这样一种冲突。

武则天虽然杀裴炎，其实内心惜之。虽按唐代法律，谋反罪应诛九族，但武则天却保全了他的宗族。

魏元忠：几生几死，从不屈服。魏元忠，宋州宋城（今河南商丘）人。仪凤三年（公元678年），还是太学生的魏元忠赴洛阳上书言事，为国家抵御吐蕃献计献策。高宗召见之后，授以秘书省正字，令他在中书省听调遣，不久任命为监察御史。

武则天临朝称制后，魏元忠升为殿中侍御史。徐敬业叛乱，武则天让李孝逸率军平定。但是，李孝逸缺少带兵打仗的经验，两位副将也未有过什么特别战绩。所以，武则天派魏元忠为监军。魏元忠早先已表现出特殊的军事才华，经历又很简单，完全是在武则天掌权时期成长起来的优秀人才，武则天对他很放心。

李孝逸攻都梁山，守将韦超坚守不出。军中诸将面对这一难啃的骨头又产生了迟疑、犹豫心理。诸将说："不如先攻徐敬业，徐敬业败，则徐敬猷不战自擒矣。若击徐敬猷，则徐敬业引兵救之，是腹背受敌也。"魏元忠则说："不然，徐敬业率领精兵，尽在下河，乌合而来，利在一决。如我军万一失利，大势去矣！而徐敬猷是一个赌徒，根本不懂打仗，其军单弱，容易动摇。大军临至，立马即克。徐敬业虽欲救之，根据路程来看必来不及救援。今不先取弱而先攻其强，不是好计策。"李孝逸遵从魏元忠之计，先引兵击韦超，韦超趁夜色逃遁。又进攻淮阴，徐敬猷仅单身脱逃。

魏元忠为监军，为平叛立下大功，被擢升为司刑（大理）正，不久升为洛阳县令。永昌元年（公元689年），魏元忠与刑部尚书张楚金等一起被酷吏周兴诬陷下狱，将被处决。由于武则天的醒悟，改为免死流放贵州。不久后又得到起用。圣历元年（698年），他由侍御史升为御史中丞。后来又被来俊臣、侯思止陷害再度流放于岭表。后来，魏元忠被召回京师，授为御史中丞。他历经多次死刑和流放而不屈服，使武则天更为看重，成为狄仁杰之后武则天倚为栋梁的人物。

圣历二年（公元699年），魏元忠升为凤阁侍郎，同凤阁鸾合平章事。不久，兼检校并州大都督府长史、天兵军大总管。后多次为大总管，带兵抵御突厥和吐蕃的侵犯。李显被复立为太子后，武则天任命魏元忠以宰相检校太子左庶子，委以辅佐太子以保证安全接班的重任。后因请逐去二张而得罪，再次下狱。由于凤阁舍人张说出面作证，免于一死，贬为端州高要（今广东肇庆）县尉。由于专制政治体制中权力斗争的影响，魏元忠在武则天晚年再被贬逐，但纵观其在武则天时代的经历，基本还是受到信任和被重用的，几起几落而大难不死。

姚崇：头脑清晰，办事周密。姚崇是难得的和平宰相之才。在平契丹时，武则天看中了他的才能，提拔他为凤阁侍郎，后经狄仁杰推荐，女皇即提拔他为同平章事。长安四年（公元704年），又被委任为相王府长史，兼同凤阁鸾台三品。同年七月，武则天又让他兼夏官尚书事。姚崇明智地上奏说："臣事相王，不宜任兵部尚书典兵马，臣倒不怕死，但恐对相王无益。"女皇觉得亲王属官而掌兵部确属不当，但又坚持让他改兼春官尚书。为防突厥，武则天令姚崇为灵武道行军大总管，接着即任灵武道安抚大使。

狄仁杰：沉厚有谋，能断大事。狄仁杰才能见识超过群宰相，又老成可靠，直率坦诚，公正无私，出则定抚一方，政事远播；入则定夺大事，稳若磐石，在朝野均有很高的声望。尤其是他能针对武则天个性很强的特点，每决大事，必能打动武则天的心，从而得到她的赞许和支持。武则天尊重他，常称之为"国老"而不呼其名，每当人见跪拜之时，武则天总要阻止他说："每见公拜，朕亦身痛。"久视元年（公元700年）九月，狄仁杰去世，武则天哭了，并说："朝堂空矣！"后来朝廷上遇有大事而众人无法裁决定夺之时，武则天总要感叹："天夺吾国老何太早邪！"

一件小事很说明狄仁杰的官品。天授二年（公元691年）九月，被贬为洛州司马的狄仁杰为地官侍郎、同凤阁鸾台平章事。武则天对狄仁杰说："卿在汝南，很有善政声誉，但被人陷害，卿欲知是谁要害你吗？"狄仁杰说："陛下以为臣有过，臣请改过自新；陛下知道臣无过，是臣之大幸。臣不愿知道陷害我的人的名字。"武则天听了，很赞赏他的品格。

此外，还有一些人，如李昭德强干；王及善为人清正难夺，有大臣之节；敬晖以清干著称，他们也因各自的特点而被武则天重用。

一般人也许会认为，只要给人甜头，就能让人为你死心塌地卖命。实际上，用人之本在于贴心。在武则天因为政变而被迫逊位迁居上阳宫的时候，在政变中起过积极作用的宰相姚崇痛哭流涕。张柬之对他说："今天难道是哭的时候吗？恐怕你的大祸就从这里开始了！"姚崇说："元之侍奉则天皇帝时间很久，突然与她分手，实在是悲痛难忍。前天我同你诛杀奸逆，是臣的情义；今天离别旧君主，也是臣的情义。即使因此得罪，也是心甘情愿的。"

武则天当上皇帝，运用自己独特的用人方法，招揽到了一批对自己死心塌地、忠心耿耿的人才。

第四节 控权

《资治通鉴》中说：武则天自从徐敬业造反后，怀疑天下人大多对她有所图谋，又因为自己久专国政，知道宗室大臣心怀怨恨，武则天就打算大肆诛杀以威吓天下。

武则天是女人，她要登上皇位，阻力之大可想而知，即使"革命"成功，无论在朝在野都有大批李唐王室的拥戴者和儒家伦理的捍卫者伺机而动。她是坐在火炉上的。她"以刑法理天下""肆斩杀怖天下"，用恐怖和狂杀营造高压的气氛，消灭了第二种声音。

武则天制造压力最主要的方式是实施恐怖政策。武则天的恐怖政策，给历史留下了深刻的印记。千百年来，人们犹谈虎色变。清人钱大昕诗云："四时鬼朴换匆匆，罗织争夸告密工，此际模棱已难得，不矜獬豸触邪功！"

公元684年（嗣圣、文明、光宅）是惊心动魄的一年。在短短的几个月之内，武则天安葬了高宗，撤换了新皇帝，改变了高宗留下来的政治结构，镇压了徐敬业的叛乱。告别了这年，武则天想从劳顿之中暂时解脱出来，把自己的精力从紧张的权力斗争转移到巩固政权、建设国家方面来。第二年正月初一，她宣布改元垂拱，大赦天下。垂拱之意为垂衣拱手，是古代无为而治的代名词。

事态的发展使武则天很快放弃了"垂衣拱手"的打算。随着临朝称制的实现，走上了政治前台的武则天，意识到自己面临着前所未有的阻力。毕竟在朝廷的政治传统中，以女主的身份临朝称制，总是要受到官僚士大夫的反对，甚至也遭到为官僚士大夫所左右的整个社会舆论的谴责。武则天面临着无可回避的矛盾：为了稳定政权，必须将紧张的政治形势缓和下来，否则会造成人心的混乱，甚至社会的动荡；但果真实行"无为而治"，对一切听之任之的话，就有可能给一些反对者以可乘之机。

要制造恐怖气氛，她有两件事非做到不可：要有一群忠心残忍的办事人，结成死党，做一个坚固的中心，这群人是否读过书倒无关紧要，而是通过她的暗示，凭她的颜色，不用吩咐，就能行事无误；她还得要一个效力强大的间谍网，要有充足的"特务"人员，谁要敢造反，就能立时捕获。

恐怖政策是从垂拱二年（公元686年）出台的奖励告密的规定开始的。在帝国建立前，恐怖政策经历了两个阶段，它以两个大酷吏为标志。

第一个是索元礼阶段。索元礼是个胡人，最早以告密起家，他的最大贡献是打破刑不上大夫的法律禁令。古时有"刑不上大夫"之说，对贵族可以定罪处罚，但不加以肉体折磨。现在，索元礼把刑罚用在高级官员身上，结果便是那些达官显贵在花样翻新的刑具之下失魂落魄，一下子尊严扫地，吓破了胆，见到这些昔日最看不起的小吏如同见了虎狼。

徐敬业起事兵败之后，索元礼立刻平步青云，成为政要，为当时以告密而致身显贵的第一人。索元礼的上升绝非偶然，比起别人，索元礼单独逮捕的人多，定罪也多，因为他有一系列对于刑审和拘押犯人的"创新"。

索元礼对刑讯的工具做了重大的改进。此前唐代系囚的刑具，如枷、锁、钳等都有定制，而索元礼创造了许多新式讯囚刑具，最有名的是他的铁笼。史书称他做的铁笼夹在囚犯头上，打入楔子，使铁帽逐渐缩紧，至口供逼出来为止，因囚犯顽强不屈而致头脑夹裂的，并不少见。在逼供方面，他也有许多骇人的创作，全是一些极为残忍的刑罚。比如，使囚犯躺平，以大石上悬梁上，下垂在囚犯的头上，可轻击，可重击，视囚犯的神志而定。索元礼还发明了一种新式监狱——制狱。其所以要在一般监狱之外，另置制狱，是因为犯人太多了。

索元礼总是逼使犯人牵连别人及亲友相识等，所以每逢一人被捕，便有十余人受株连。武则天对索元礼的做法表示出了强烈的兴趣，她接见并赏赐了他，目的是为这帮酷吏壮行色，加声威。从此，大规模的刑杀之风兴起了。

第二个是周兴阶段。索元礼杀害的对象，是与"扬楚事变"有关的人，而周兴杀害的对象，绝大多数是李唐皇室成员。

为了巩固自己的势力，武则天的下一个目标轮到李唐宗室官位次一等的王公了。她的用意是要在正式宣布改朝换代以前，把唐室的宗族斩尽杀绝。所以在鞫讯之时，证人所提供的证据并不重要。在光宅元年，徐敬业起兵作乱失败之后，徐敬业的一个弟弟想逃往突厥。当时幽州两个地方官并未帮助他逃亡。后来，徐敬业之弟被捕，两个地方官遂被逮捕。这两个地方小吏没有资格，也没有福气认识唐室王公或大臣，也无法知道王公大臣在京都的行动。而且光宅元年徐敬业之起事与唐室王公之起兵平乱也风马牛不相及。这两个小吏当中有一个要自己活命，朝廷给了他一张要杀害的人的名单，又吩咐他在判官准备好的宣誓陈述书上签了名，这样，就可以随便将唐室的皇族杀的杀害的害了。

由永昌元年（公元689年）下半年至天授元年（公元690年）上半年，残杀是一次又一次，密密相连。镇压了反叛后，在永昌元年三月至四月这一批处死的是12个王公，几百户人家要跋涉两千里之遥流配到南方去。这一次过去，第三次残杀跟随而至。在武承嗣、武三思的教唆煽动下，王公、文臣、武将被杀者36人，其中包括很多鸿儒学者。到第四次残杀到来之时，唐室皇族已经零落殆尽了，第四次残杀主要是针对唐室宗族中的文武官员。这个阶段基本完成了摧毁李唐王室的任务。合法而有系统地屠杀步步加紧，武则天是使老百姓死心塌地地相信唐朝的天下已无可挽回，而秉命于天的圣母已然兴起，古代的预言就要应验了。

真正的恐怖高潮是第三个阶段——来俊臣阶段。天授年间（公元689年~691年），以来俊臣为首的新酷吏集团受到武则天重用，他们采用了一种"罗织"的方法。

来俊臣在讯囚中的与众不同之处是能很迅速地得到口供。就榨取口供的能耐而言，索元礼只是残酷而已，而来俊臣则采用心理战术。例如，他制造了十种大枷，每一种都有一个可怕的名字：一曰定百脉，二曰喘不得，三曰突地吼，四曰著即承，五曰失魂落，六曰实同反，七曰反是实，八曰死猪愁，九曰来即死，十曰求破家。每次审讯，先把刑具摆在囚人面前说"这是刑具"，犯人见之无不魂飞魄散，赶快承认以免皮肉之苦。来俊臣在刑讯上也有发明，对被密告的对象，来俊臣第一步先从鼻中灌醋，然后抛置于臭气难闻的土坑之中，不予饮食，犯人据说饿至自咬衣絮，再继之以神经疲劳。犯人被接连盘问，不许睡眠。犯人一睡着，就被猛然推醒，所以数夜不眠之后，头脑便昏昏迷迷，于是问什么招认什么，结果便被处死。此法极其灵验，而囚犯并无受刑痕迹。来俊臣还有一种诱供的方法，就是所谓"一问即承反者例得减死"，即任何囚犯，不管其罪如何，只要第一次审讯时招供就可免死，这实际上是诱供，这个方法得到了武则天的认可。

在许多政治案狱中，来俊臣的丽景门之狱是最森严的一个。来俊臣有一所监狱，奉武则天旨意设在丽景门内，在皇宫西面不远。同僚王弘义戏呼丽景门为"例竟门"，意谓被告一进丽景门便一例无治。

最可怕的是长寿二年（公元693年），武则天下令对六道流人进行了屠杀。被流放在六道的人，大多数是政治犯及其家属，武则天在大肆屠杀李派士族之后，唯恐那些流人将来会出来捣乱，一不做，二不休，索性从肉体上干净彻底清除隐患。来俊臣的党徒万国俊被派到广东，调查朝廷残杀者留下的孤儿寡妇不满朝廷的谣言。万国俊把他们传到官府，命令他们都去自尽。官府的厅堂里哭声振天，一片阴森凄惨。他回到京师，向武则天回奏罪人的妻儿对朝廷极为不满，正急谋反叛，幸而他及时赶到，才使阴谋不得逞。万国俊因此官拜御史大夫。

恐怖政策的顶点是黑手伸向李旦。李旦在武周建国后降为皇嗣，赐姓武，但被软禁在别殿，皇嗣的位置使他处境危险。武则天有一个奴婢叫韦团儿，深得武则天信任，李旦却和她发生了矛盾，韦团儿就诬告李旦的两个妃子。窥视太子之位的武承嗣乘机和来俊臣勾结，最后罗织出李旦有异谋的结论。长寿二年（公元693年）恐怖之手伸向深宫，但在来俊臣讯问李旦左右时，一个叫安金藏的人坚持认为李旦无辜。来俊臣不听，安金藏就抽出佩刀，部开自己的腹部，顿时五脏俱出，血流满地，嘴里还说：你们不信我的话，我就割开肚子证明太子的清白。武则天知道后赶来了，她感动地说了句："吾有子不能自明，使汝至此！"李旦的命保住了。

武则天的目的达到了。朝廷内外官吏诚惶诚恐，莫不畏服。高压政策总是被人唾骂的，但高压政策的作用又总是立竿见影的。所以，尽管它是统治者武器库里最危险、最不好驾驭的东西，可是，那些权威之主总舍不得扔掉它。不过，高压政策虽有奇效，但其副作用也是很大的。压力越大，反弹越大，高压政策不能长久使用。在血腥的压力之下，人人无以自保。在这种气氛下，反对的力量只是被消灭或沉潜。这种压力终究是一时的，没听说高压政策可以压服一世，但沉潜的力量终究会爆发出来。

武则天对满朝文武有不言自威的气势，她制造威势的一种方式是以我为主、特立独行，以显示君主的特殊性；另一种方式是刑赏交互运用、恩威并施的统治术，主要表现在对臣下的处理上。

处理完裴炎的案件之后，徐敬业的叛乱也很快得到了平定。杀裴炎、平徐敬业、斩程务挺，武则天显示出极强的政治威慑力。无论对于武则天本人，还是对于当时百官，回想起来都会有些心惊肉跳的感觉。武则天因此变得更加果敢和自信。据唐人小说《唐统纪》记载，武则天在盛怒之下曾经这样训诫群臣：

武则天问："朕并未辜负天下百姓，群臣皆知之乎？"

群臣说："知道。"

武则天接着又说下去："朕辅佐先帝，三十余年，为天下忧劳，竭尽忠智。汝等爵禄富贵，全系朕所赐予。天下太平，全系朕休养生息之功。自从先帝弃群臣，朕以社稷为重，不敢自惜，只知爱人。叛军兴起，首魁竟系将相大臣。"

武则天越说越激动，大声训斥起来："你们当中有受遗老臣、倔强难制超过裴炎的吗？有将门贵种、纠合亡命超过徐敬业的吗？有握兵宿将、攻战必胜超过程务挺的吗？这三个人，都是一时人杰，不利于朕，朕轻而易举地就将他们除掉。如果你们觉得自己能超过他们三人，尽可早日起事，如若不然，忠心事朕，切勿自作聪明，为天下耻笑。"群臣顿首，不敢仰视，齐声奏道："唯太后所使。"

武则天这一段训诫至今读起来如飞瀑高落、酣畅淋漓、王气十足，在群臣心中留下的印迹之深可想而知。

刑赏交互运用、恩威并施的统治术是武则天制造威势的另一种方式。

武则天在以周代唐的非常之际，利用了一群有野心的中级官员的不满情绪和抱负来帮助她取得权力，任用了一个以近戚和亲信为主的执政班子。这些人多是些不学无术的奸猾之辈。这些人既得志，乱政滥刑，贪赃求贿，结党营私，卖官鬻爵。武则天一方面要任用他们，想依靠他们来巩固新王朝，压服反对者；但另一方面又要限制他们，只要这些人对她不再有用处，她就会马上弃之如敝屣，贬黜他们，甚至毫不犹豫地处死他们。因为她知道，任用这些人，要非常小心，否则反会扰乱朝政，引发更多人的怨言，影响她自己的声誉。

宗秦客、宗楚客、宗晋卿三兄弟，是武则天堂姐的儿子，为武则天外家。在武则天改朝换代的前后，他们表现得异常积极。宗秦客在武则天即位以前就已做到了凤阁（中书）侍郎，为位列四品的近侍要职。在元载初年（公元690年）之前，他是暗中为武则天革命称帝出谋划策的核心人物。大周帝国建立后，他成为第一任首相——内史（中书令）。

宗氏兄弟因此得意忘形起来，大肆贪污受贿。这种为大周帝国抹黑的行为，使武则天大为恼火。在任命宗秦客为检校内史的第二个月，就将宗氏三兄弟全部流放到岭南。宗秦客被贬到钦州遵化县（今广西灵山西南）任县尉，后来死于贬所。内史邢文伟想通过包庇宗秦客获得武则天的好感，不想武则天并不领情，反而还治他阿附之罪，贬为珍州（今贵州正安县）刺史，他听说有使者到州办事，以为武则天要诛杀他，惊恐自杀。

傅游艺，是武则天夺权过程中的辉煌人物。武则天称帝前夕，他首先以外臣的身份，向武则天上书请求改唐为周，不仅在上书中大称祥瑞，制造"天命"，还组织了几百人的请愿团，诣阙上表。他从一个九品的合宫县（即洛阳所在的河南县）主簿，很快升为正五品上阶的给事中，跻身于朝廷高官的行列。改唐为周前后，傅游艺更是加入了宰相班子。天授二年（公元691年）五月，加银青光禄大夫（从三品文散官）。在前后一年的时间里，傅游艺从九品一直做到了三品官，其服装也因之变换了四次，由青而绿、自朱入紫，时人号为"四时仕宦"。过高的荣宠，使得暴发分子很容易飘飘然，傅游艺变得越来越忘乎所以。有一次他梦见自己登上湛露殿，他又神使鬼差地讲给亲信人听。亲信立即上告，武则天命将他下狱。结果，傅游艺也自杀，时在天授二年九月。

在赏罚互用方面，武则天的统治艺术所表现出的作风是喜怒无常，让下属永远摸不透她的内心，心中总有畏服的压力。

武思文本姓徐，是开国功臣李勣之子，随父被赐国姓而改姓李。徐敬业起兵前后，官至润州刺史，武思文因反对徐敬业起兵并事先告发其叛乱阴谋，被徐敬业抓获后予以数落："叔党于武氏，宜改姓武。"叛乱平定后，他被免于连坐，为司仆（太仆）少卿。武则天半开玩笑地对他说："令侄徐敬业改卿姓武，朕今不复夺也。"武思文写此上表请姓武，他成了被赐姓武氏的第一人。荣获国姓之赐的武思文，在武则天建周后做上了地官（户部）尚书。天授二年（公元

691年）一月，他带领2800人上表请封中岳嵩山。因为封嵩山是武则天的夙愿，几次准备终而放弃。但武思文此番率众上表，似乎也不是时候，没有引起武则天的多大兴趣。武思文的结局颇富戏剧性，当年八月，因拒不与徐敬业合作而被武则天称为忠臣的他，被告发当初与徐敬业通谋。武则天下令将其流放岭南，并恢复其徐氏本姓。武思文的戏剧性结局昭示着，在政治波浪中家族和个人命运的不可捉摸性。

长寿元年（公元692年）四月，武则天因重佛教，命令在全国禁止屠宰及捕鱼虾。当时，左拾遗张德添了一个男孩，为了表示庆祝，生子的第三日，私自杀羊宴请同僚。补阙杜肃赴宴，他悄悄地藏了一块羊肉，宴散后上表告密。次日，百官上朝，武则天对张德说："听说爱卿生了一男孩，向你贺喜。"张德拜谢。武则天又问："从哪里弄的肉请客的啊？"张德一听，魂飞魄散，忙伏地叩头请罪。武则天说："朕禁屠宰，但红白喜事宴请并不限制，此乃人之常情。不过，爱卿今后宴请客人，须要加以选择啊。"乃把杜肃之奏表出示给他看。杜肃羞愧得无地自容，百官皆欲向他吐唾沫。从这事，官员们很难把握住女皇的准脉，无法窥测武则天的天威。

武则天具有高超的政治技巧和风范，她总是站在群臣之上而不是陷入群臣的矛盾中来处理各种纠纷，所以她能在权力斗争中泰然镇定，游刃有余。

第五节 酷 吏

据两唐书《酷吏传》记载,武则天统治时期共出现过11位有名的酷吏,他们是丘神勣、索元礼、侯思止、万国俊、王弘义、周兴、来俊臣、傅游艺、来子珣、郭霸和吉顼。

酷吏集团是武派的一支重要力量。恐怖时期的制使一部分后来成了酷吏,这些酷吏能量之广大、触角之深广、手段之残忍都超出了预先的想象。

特派员在武则天实行恐怖政策时期最为普遍。武则天除了派私人心腹到外朝去做宰相外,还设立"制使"——皇帝的专使,他们是武则天个人的特派员,随派随撤,既保证任务的完成,又保证权力始终不脱手。

在实行恐怖政策时,为了把广大的下层告密者发动起来,就必须使下层的告密制度化,因此必须解决告密受理权由谁掌握的问题。过去,告密者很少奔赴首都告密,而是就近向所在州县告密,受理者往往是当地地方官吏,如刺史、长史,或出巡本州的监察御史之类。如果事情发生在首都或首都附近,接见者往往是宰相,或者是各有关主管部门的首长。但是,有相当一部分大臣是李唐皇室或与李唐皇室有关的人,当事情牵涉到皇室成员的时候,他们可能设法巧为掩盖,恐怖政策的实施将遇到层层阻力。

武则天解决这个问题的办法是将告密受理权揽到自己手里:有告密的,臣下不得过问,官吏不得斥责,包括自朝廷宰辅至地方州刺史等的全部官员。武则天成了帝国的大检察官，接见所有告密者，她的工作量就相当繁重了，所以对案件的审判，必须另外找人，武则天不得不把一部分推鞫权交出来。但是她不放心大理或刑部的一般官员，于是武则天亲自挑选，这些被挑选的人便是制使。从这一点来说，制使就是她的私人法官。她既可以指派他们，又可以撤换他们，他们必须秉承她的意志办事，每一个诏狱的结果，其实就是她个人意志的体现！

制使所起的第一个作用是承制，即接受内状——武则天下达的"公诉书"，然后向被告宣读制书。武则天的内状，大体上近乎一份公诉书。她受理告密，略相当于检察官之向社会做调查。就她直接掌握告密受理权与下达内状而论，从法律观点看，她起了一个检察官的作用。由于检察官具有一种高于法律的特殊身份，她是称制的太后，因此她下达的内状就具有无可争辩与抗拒的权威性。制使的另一个作用则是审判。制使起了一个钦定的法官作用，也就是太后临时指定的法官。

武则天诏狱的形成，主要取决于内状，在内状里，武则天的意志开始显露出来，而判决结果，则是武则天意志的全面实现。所谓诏狱，就是由武则天告状，武则天派人审判，武则天定出结果的一个过程，只不过披上了一件合乎法律程序的外衣。过去，门下省还有对皇帝旨意的详复权，也就是复审封驳的权力，遇有不当的决策，可以驳回，这是对君主权力的一种监督和制约。现在全没有了，君权极度膨胀了。

武则天高坐丹墀之上，对政府各部门、州府各地方的事很难了解得一清二楚，她权威的触角也很难达到这些地方。于是，有了钦差大臣，有了皇帝专使。他们是武则天的耳目，是武则天的爪牙，代表她行使权力。不过，历来掌权者又都对自己派出的权力代表不放心，害怕他们滥用权力。武则天时代，虽然那些专使给政治秩序造成了一定的混乱，但总的说来，武则天还是控制住了局面，方法是对他们限权，保留一些制约他们的力量，对他们经常性地换血。

武则天控制酷吏的形式有以下几种：

武则天对特派员的授权有限。

由于酷吏只是武则天打击政敌的工具，因此武则天并没有把行政大权交给酷吏。这一点只要我们看一下当时每个酷吏的履历就会明白。

丘神勣：是右吾候大将军丘行恭的儿子。唐高宗永淳元年（公元682年）始任左金吾卫将军。翌年赴巴州监视章怀太子李贤，逼李贤自杀，左迁为叠州刺史。垂拱年间官复旧职，与周兴等人推鞠诏狱，以酷暴著称。垂拱四年（公元688年），率军镇压越王李贞的叛乱，以功加左金吾卫大将军。天授二年（公元691年）下狱伏诛。

索元礼：出身于少数民族家庭。故史书上说他是"胡人"。武则天在平息徐敬业叛乱之后，"恐人心动摇，欲以威制天下"。索元礼向武则天告密，受到武则天的接见，提拔为游击将军，并成为最早在洛州牧院推案诏狱的酷吏。据说索元礼生性残忍，武则天曾多次召见索元礼，"张其权势"。但直到天授二年被杀时，索元礼仍然是一名小小的"推事使"，在政治上并没有什么地位。

侯思止：本为高元礼家奴，以密告舒王李元名与恒州刺史裴贞"谋反"起家。初任"游击将军"。天授三年（公元692年）升为朝散大夫、左台侍御史。与来俊臣等同案诏狱，"苛酷日甚"，后被宰相李昭德处死。

万国俊：洛阳人氏，少年时以险诈闻名。垂拱年号确立以后，任司刑评事，与来俊臣制造《罗织经》，受到来俊臣的赏识，被引为判官。天授二年摄右台监察御史，常与来俊臣同案诏狱。长寿二年（公元693年）赴岭南杀流人，授朝散大夫、肃政台侍御史。不久病死。

王弘义：冀州衡水人。以告密入仕，授游击将军。天授年间任右台殿中侍御史。长寿年间，升为左台侍御史。常与来俊臣"罗告衣冠"，推鞫狱讼。延载元年（公元694年）被流放至琼州。后矫诏北返，事泄被杀。

周兴：少以明习法律入仕。初任尚书省都事，后迁司刑少卿、秋官侍郎。垂拱年间屡受诏狱，天授元年九月（公元690年）晋升尚书左丞，次年十一月与丘神勣同时下狱，论罪当死，武则天"特免之"，流放岭外，死于道中。

来俊臣：垂拱年间以上书告密受到武则天接见。天授元年（公元690年）迁侍御史，加朝散大夫，开始推按诏狱。天授二年任左台御史中丞，与其党徒造《罗织经》，以残暴酷烈著名，成为影响最大的酷吏。他似乎是酷吏中的特例，屡受武则天保护，他是武则天搞平衡的重要棋子。但在神功元年（公元697年），来俊臣还是落了个被"弃市"的下场。

傅游艺：载初元年（公元690年）为合宫主簿。累迁左肃政台御史、左补阙。因"上书称武氏符瑞"，受到武则天的重视，擢拜给事中，数月后入相，不久又加朝散大夫、守鸾台侍郎。武则天改唐为周后，赐姓武氏，加银青光禄大夫。一年之中连升数级，时人号为"四时仕宦"。但不久即被告"谋反"，命丧黄泉。

来子珣：永昌元年（公元689年）上书言事称旨，被任命为左台监察御史，按照武则天的旨意推鞫诏狱。天授年间告雅州刺史刘行实兄弟谋反，迁游击将军。长寿元年（公元692年）被流配爱州。

郭霸：天授二年（公元691年）以宋州宁陵县丞应"革命"举，至神都洛阳担任左台监察御史。如意元年（公元692年）迁左台殿中侍御史，长寿二年（公元693年）官至右台侍御史，后疑惧自杀。

吉顼：举进士，累迁明堂尉。万岁通天二年（公元697年）告刘思礼等人谋反，拜右肃政台中丞，"日见恩遇"。圣历二年（公元699年）以天官侍郎身份入相。后与武懿宗争功，被贬为琰川尉，再改任安固尉，死于任所。

从上述情况来看，武则天统治时期的酷吏大部分都是御史台官。他们的职责基本上都和司法有关。在武则天统治时期出现的这11位酷吏中，影响最大的酷吏是索元礼、周兴、来俊臣。索元礼官止游击将军（从五品上），周兴官止尚书左丞（正四品上），来俊臣官止司仆少卿（从四品上），此三人皆未至宰辅。在当时的酷吏中，官至宰相的只有傅游艺和吉顼两个人。傅游艺从天授元年（公元690年）九月十三日同凤阁鸾台平章事，到天授二年（公元691年）九月二十五日下狱自杀，当宰相有一年多时间。吉顼从严格的意义上讲并不能算作酷吏，《新唐书》就没有把他列入《酷吏传》中。他在圣历二年（公元699年）腊月二日升为天官侍郎、同凤阁鸾台平章事，久视元年（公元700年）正月二十八日即被贬出朝廷，为相时间还不足一年。至于其他的酷吏，就更不能参与朝中大政了。由此可见，武则天一直把行政大权牢牢地掌握在自己手中。

在酷吏的司法权限内，对他们加以限制。

天授二年（公元691年）正月，御史中丞李嗣真对酷吏提出了十分尖锐的批判。李嗣真质疑司法制度被破坏，提醒武则天权威下移会影响国家安全。他引述古代的司法程序，要求恢复中书门下省的详复权力。详复权是对君主集权的一种监督和制约，同时也有匡正的作用。其实，破坏司法制度正是武则天的用意所在和纵容酷吏的结果。但"权由臣下"却是她的大忌。李嗣真说：我看那些法官们，单人独骑奉命去审理定案，所有结果都是定好的，随审随定案，不走严格的司法程序；有的法官甚至不等向皇上奏明就临时自己专决。这种做法，将带来的危险后果是：权力流到臣下手里，这可不是审慎的方式。陛下让那些九品小官专管审判，反而不让刑部插手，不让门下省复查，如此下去就要出问题。李嗣真的这一劝谏正中武则天的心思。几个月后，酷吏中的几个魁首——丘神勣、周兴、索元礼都被除去了。

狄仁杰一案更加重了武则天对酷吏的不信任。长寿元年（公元692年），来俊臣以谋反罪诬陷宰相狄仁杰，并由他自己来审问。武则天曾有指令，凡是初审就承认给自己加的罪名，便同自首一样对待，可以不判死刑。来俊臣为了邀功，逼他认罪。狄仁杰很快招认说："大周既然建立，自然应当由新进官员掌握政权，我是唐室老臣，情愿接受诛戮，谋反是实。"来俊臣见狄仁杰招供得这么痛快，便没对他再施刑罚。

因为狄仁杰已经认罪，管理监狱的官吏便放松了对他的看管。狄仁杰趁狱卒不在时将自己的冤情写出来，放在棉衣里，转给他的家人。狄仁杰的儿子狄光远接到棉衣，发现了里面藏着的帛书，就拿去向武则天告发。武则天召见了他，看过帛书，立即传来俊臣进宫，问他："你说狄仁杰都招供了，可是他的儿子又来诉冤，这究竟是怎么回事？"来俊臣掩饰说："这些人总是不肯老实承认自己的罪过，对于狄仁杰，我确实没有用刑，他吃的住的都很好，连头巾和腰带都没给他去掉，如果不是事实，他怎肯承认谋反呢？一定是他反复无常，扰乱视听！"

武则天并不相信，派专使前去查问。专使也惧怕来俊臣的凶残，不敢到监狱里去看，只说了几句恭维话就走了。来俊臣又令人假造了一份狄仁杰的《谢罪表》，让专使转交给武则天。

恰在这时，凤阁侍郎乐思晦的儿子被召见。他年方八九岁，他的家已被来俊臣族灭。他告发来俊臣的刻毒，说来俊臣总是按照预定的罪名逼出供词。武则天又亲自召狄仁杰讯问："你既然叫儿子前来诉冤，为什么承认谋反呢？"狄仁杰道："如果我不承认，早就死于枷棒之下了！"武则天立即明白了，免了狄仁杰的死罪，贬为彭泽县令。武则天如果将审讯的权力下放给来俊臣，狄仁杰必死无疑。但她始终不肯下放这个权力，而在最后关头，采取了当面讯问狄仁杰的措施。由此狄仁杰的性命被保存下来了，事情真相也水落石出。

处理狄仁杰一案，表现出武则天对酷吏来俊臣信任程度的降低，也表明了酷吏在武则天心中的位置已有了明显的改变。

综观酷吏的任官情形和结局，可知武则天只是因为特殊的政治需要而对他们加以任用。他们的任官一般仅限于大理寺和御史台的中层官职，其影响局限于司法系统而不涉及行政机关，而且即使在司法系统内，也并非让酷吏一统天下。大理寺的长官大理（司刑）卿和御史台的长官御史大夫，很少由酷吏担任。尤其御史大夫一职，大都由宰相兼任。而李嗣真、严善思、周矩、魏元思、徐有功、杜景俭、李日知等用法平恕之人先后担任法官，无疑也是对酷吏的一种抑制。

采取不断换血的方法，使酷吏之间互相牵制。

索元礼、周兴这批老酷吏，就是被来俊臣这批新酷吏解决的。"请君入瓮"的故事就由此而来。

天授二年（公元691年），御史中丞李嗣真因酷吏滥杀，向女皇进言说，现在的法官不按程序办案，随意断案定罪，这是"权由臣下"。他还拿出老子的话"国之利器不可以示人"，认为现在把威权交给酷吏，不可不慎。"权由臣下"是她的大忌，她对老酷吏也下手了。

对酷吏，武则天始终不是专信一派，而是多树旗帜，分其权势。在促使武则天对酷吏重新洗牌的过程中，二线队伍也发挥了促动作用。天授二年一月，来俊臣集团采取了行动。他们首先控告的是丘神勣。丘神勣家族属于贞观士族，这类家族本就是武则天疑忌的对象。丘神勣被罗织的罪名是"谋反"，结果下狱被诛杀。

紧接着发生了史务滋事件。史务滋是武周帝国建立后的第一个纳言（门下省首脑，属宰相集团成员之一），此时正受命审判刘行感案，来俊臣参与了此案。刘行感出身显贵，此时被人告密而下狱。

来俊臣的厉害之处，在于他抓住了史务滋事件这一时机，激起了武则天对一些法官的疑忌和愤怒。史务滋与刘行感有旧交，来俊臣发现这一情况后，立刻上报武氏。结果是：武则天大怒，令来俊臣审讯史务滋，史务滋惶恐自杀。把同一办案的法官也列为指控对象，这是来俊臣的又一发明。既然女皇已经对法官有了怀疑，来俊臣就再接再厉，把矛头指向周兴。之后，有人上告周兴与丘神勣合谋，武则天要用一派去处理另一派，让来俊臣审讯周兴，就有了"请君入瓮"的故事。

来俊臣先不露底牌，和周兴一同吃饭。席间向老前辈请教：有囚犯不认罪，如何是好？周兴也诲人不倦，说取个大瓮，用火在周围烤，让囚犯进瓮里，不怕他不认罪。来俊臣依样布置好，说："请兄入瓮吧"。周兴一见到自己发明的刑具，精神立刻崩溃了，他伏地求饶，来俊臣就得到了他所需要的一切。

　　索元礼的下场与周兴有相同之处，在周兴被控告的同时，索元礼也受到了指控，他的罪名是贪污受贿。索元礼入狱，持抗拒态度。刑讯的酷吏说："拿索公的铁笼来。"索元礼立即屈服了。来俊臣对待周兴的方法是请君入瓮，同样地，对待索元礼的方法也是"请君入笼"。笼和瓮都是周、索自己设计的刑具，现在还治其身了。由此也可见来俊臣的阴狠，他刑讯不一定用酷刑，那样做可能让一些软弱的人屈服，但遇到硬汉也未必好用。更麻烦的是，刑讯易留下痕迹，如果犯人日后翻案，那是最好的证据；一旦刑讯的火候没掌握好，犯人死了，也不好向女皇交代。所以，他更愿意用心理战术，在刑讯之前先把你的意志摧垮，在兵家，这是不战而屈人之兵。这种手段的智力含量更高，更不露声色。

　　但是，从另一方面看，真正杀害周兴等的不是来俊臣，而是武则天。《资治通鉴》记载了天授二年（公元691年）索元礼被杀的原因，说索元礼性情残酷，武则天也正好杀了他以安抚人心。审讯拘押犯人的权力长期落在某些酷吏手中，是相当危险的事。正如宰相必须经常更换一样，酷吏也必须经常更换。

　　李昭德曾是武则天身边红极一时的人物，他是拥戴武则天的功臣之后，强干有魄力。由武承嗣指使到武则天面前请求废李立武的王庆之，就是被李昭德率领朝臣群殴而死的。武则天对李昭德很信任，甚至武承嗣去说他坏话时，反被武则天讥笑。但武则天是绝不肯让大权旁落的。

对内部亲信搞牵制，这是统治者惯用的一招。如果对一线掌权的人员不放心，或出于防备的考虑，可以在他背后安插替补人员。而且，对这些二三线的队伍，或暗中保护，或明里提拔，保持对一线人员的警示，必要时可以换马。

武则天在对来俊臣的处置策略中，表现了她对酷吏的基本态度。当来俊臣能威慑外朝，并为她的权位巩固发挥作用时，尽管他胡作非为，武则天也总是保护他；但当来俊臣存在的害处比他带来的好处更多时，武则天就会权衡得失，严加惩处了。

延载元年（公元694年），来俊臣曾被武则天外贬，但武则天舍不得扔了他，神功元年（公元697年），又把他捡了回来。回朝后的来俊臣"不辱使命"，又搞了不少大案，清除了不少政敌。但他渐渐进入疯狂的状态，竟然打算把太子、武氏子弟全罗织进来，这简直是与所有人为敌，这就给武则天带来很不利的影响，人们有理由怀疑，女皇任用这样的人，精神状态是否也正常？于是，武则天将来俊臣逮捕入狱，但是否除掉他，武则天一时还拿不定主意。

一天，武则天和她的另一个近臣吉顼游御苑，两人交谈起来。她向吉顼询问起外面的动态。吉顼告诉她，人们对于来俊臣死刑迟迟未批下来，感到失望。武则天说："可他有告密之功啊！""那算得什么呢？"吉顼指出，"来俊臣赃贿如山，被他杀害的冤魂塞满了路，杀他有什么可惜的！"吉顼的意见反映了外间大部分人的想法，是所谓"公论"。

吉顼的说法，不容皇帝不重视。当时，武周对外关系极为紧张。在西方，吐蕃正提出割让四镇的要求；在西北方，东突厥的默啜反复无常，极为值得忧虑；在东北方，契丹部队，正在包围幽州，南下威胁魏州，第一次河北事变正处于高潮阶段。当此之时，把一个民愤极大，象征恐怖政治的人保护下来，这合算吗？吉顼的话提醒了武则天：处决来俊臣是一种平缓民怨的政治需要。武则天因为政治的需要起用了酷吏，借助他们消灭怨敌；同样，也是因为政治的需要将酷吏送进坟墓，她需要鹰犬的头颅平息危机。于是，武则天终于决定处死来俊臣。

时人无不对来俊臣之死弹冠相庆，无论长幼都恨他，竟然去割他尸体上的肉。武则天听到臣民们的反应后，急忙表态支持公众的做法。她下了一道制书，这篇被后人命名为《暴来俊臣罪状制》的文章中说了不少安抚人心的话。制书最后说要对来俊臣施以族诛灭门之刑，以雪苍生之愤。

纵观武则天一生，不同时期的爪牙也有代表。早期是人称"李猫"的李义府，中期是来俊臣，晚期是二张兄弟。李义府和二张兄弟都是被武则天的对手除掉的，只有来俊臣是武则天亲手除去的。从权谋的角度看，也是最有价值的。

神功元年（公元697年）九月，武则天又做了一番不同寻常的表演。她对侍臣说："近年来朝臣多被周兴、来俊臣等酷吏拘审牵连，朝臣们也都服罪了。国有国法，我怎么敢违法不办呢！这中间我也曾怀疑有冤案，派近臣去监狱里查问，但都得到了犯人亲手画押承认的供状，我就不再怀疑了，准了那些法官的上奏。来俊臣死后，再也听不到有谋反的人了，但是以前的死者就没有冤屈了吗？"这当然是在作势，无非想声明自己只是被酷吏所误，并不是真心发动恐怖政治。

武则天既出此言，久苦于朝夕不保的众臣，何不乘势抓住结束恐怖政治的良机？于是，夏官侍郎姚元之向武则天进言保证以后决不会有人再谋反。

恐怖政治就这样体面地结束了，这是武则天完成了政策转变中的一件大事。

第六章

还李归唐

第一节　谁是天子儿

武则天晚年的政策调整最大的两点：一是结束恐怖政策；一是向李唐回归，选定自己的儿子作为武周的继承人。

武承嗣自垂拱年号确立以来，就有一种野心，想做皇帝。在他看来，武则天称帝以后，武氏王朝的下一个皇帝，理应是他。要当皇帝，首要的一着，便是先成为储君。但储君是"皇嗣"李旦，这在武周帝国刚建立时便已经确定了，倒储意味着废掉乃至除去李旦等人。武氏家族第二号人物是武三思，也具有同样的野心。只是因为他的地位低于武承嗣，他不能越过武承嗣，所以他不想过早地把野心暴露出来。他对于武承嗣的所作所为，全力支持。

在史书记载中，很难发现诸武子弟才能的过人之处，即便是较为活跃的武承嗣、武三思也属平庸之辈。但武则天对他们屡屡委以重任，武承嗣、武三思等人甚至被任命为宰相。在建立周朝后命相之时，武则天曾公开表示：宰相的班子里必须留出一个席位给武氏宗亲或武则天的娘家人。

李唐宗室起兵失败后，武则天在政治上的盟友，也日益向势力日增的武氏一族倾斜。在发动大规模的军事行动时，武则天常委任武氏子弟为统帅前去讨伐。万岁通天元年（公元696年），营州契丹起兵反周。武则天先后派武三思、武攸宜前去讨伐。可惜武攸宜才非所望，"师无功还"，但仍拜为右羽林大将军。就是这样一位才能平庸之辈，竟然在武则天当政期间"总禁兵前后十年"。第二年，另一位武氏子弟武懿宗受命讨伐契丹，赵州百姓因为武懿宗的懦弱无能而遭生灵涂炭。可见，武则天重用诸武绝非是因为他们才能相当，而是看重诸武对她的忠贞不贰，利用他们来监督牵制文武百官。

天授二年（公元691年），武承嗣发动了第一轮夺储斗争。他用的是群众请愿的方式。这是在效仿武则天建立武周帝国之前，策动民众到宫门请愿劝进的方式。但武则天当时的情形是水到渠成，大量准备工作已做到了前面，人心已被震慑住了，而此时的武承嗣还不具备和平过渡的条件，武则天的威势他还不能全部借到。武承嗣策动一个叫王庆之的洛阳百姓出头，率领数百人上表。但是，这个行动首先受到宰相岑长倩的反对。

岑长倩是贞观宰相岑文本之侄，他在高宗朝末年，便已官至兵部侍郎，同中书门下平章事。天授元年（公元690年）一月，武承嗣任文昌左相，他则任文昌右相，被赐姓武氏。岑长倩愿意接受武则天为皇帝，可以接受武周帝国、但不愿接受武承嗣为太子。和岑长倩持一致反对态度的还有地官（户部）尚书格辅元与通判纳言欧阳通。

上表活动遇到了巨大的阻力，武承嗣便与来俊臣结成"武来联盟"。来俊臣的目标首先是岑长倩，岑长倩被调为武威道行军大总管，西征吐蕃。这样，就把他从中枢调离了。岑长倩在西征的半路上，突然被捕，押回洛阳，下诏狱，罪名是谋反。以岑长倩下狱为突破口，来俊臣又把欧阳通及格辅元等数十人都诬为谋反之罪下狱。天授二年（公元691年）十月，岑、格、欧阳等人均被杀。

长寿元年（公元692年）一月，武来联盟又采取了第二次行动。第二次行动的对象，是七位素负声誉的大臣。其中三人是宰相：任知古、狄仁杰、裴行本，其余四人是卢献、崔宣礼、魏元忠和李嗣贞。来俊臣控告这七人犯了谋反大罪。经过狄仁杰、魏元忠和乐思晦儿子的斗争，武则天决定从宽处理这两案。她对公卿大臣说："古人说以杀止杀，我今天要以恩止杀，给他们七人一条生路，都授个官职，以观后效。"自公元686年恐怖政策推行以来，武则天从来没有使用过这样温和的语气。

这次大狱虽然因为狄仁杰等人的机智斗争，七大臣部分保全了性命，也让武则天知道来俊臣等的刑讯逼供，但这一切其实都是在武则天总的指导思想下发生的，她还是为武来张目，把狄仁杰等人远贬。此时的武来集团如日中天。

俗话说，盈不可久。武来势力大张的时候就是要被武则天压制的时候了。就在长寿元年，岑、格、欧阳三宰相既死，武来联盟再次提出立武承嗣废李旦的要求。武承嗣不敢当面向武则天提出，仍然指使平头百姓王庆之出面。但这时，李派的中坚力量李昭德出来了。所谓李派，是指也拥护武则天和武周帝国，但要求李唐的子孙继承皇位。李昭德当时正作为武则天的私人心腹受宠，任凤阁（中书省）侍郎。王庆之把武则天缠烦了，她叫李昭德把他拉出去杖打。

李昭德把王庆之带到光政门外，那儿站立着大群的官员，另一边还聚集着王庆之的那些党羽，大家都在等候来自宫内的消息。李昭德等出来后，指着王庆之对朝士说："这个坏家伙要求废掉我们的皇嗣，立武承嗣为太子，你们给我打。"王庆之耳目流血，顿时死于非命。他那数百名党羽，立刻作鸟兽散了。

李昭德的活动，并没有到此为止。他借着这个机会，与武则天有过一次秘密谈话。公元692年夏天，李昭德对武则天说："武承嗣是陛下的侄子，又是亲王，就不宜再把持中枢机要了。"武则天不以为然地说："承嗣是我的侄儿，所以我才委以心腹之任。"李昭德又说："自古以来，帝王家父子之间还有篡权夺位的事，更何况姑侄了，怎么能把大权支付给他呢？他如果趁机生变，您的宝座还想太平吗？"武则天听了这话，如梦惊醒，说："这是我原来没想过的。"武则天像被人点到痛穴一样，清醒了过来。她很快采取了措施。长寿元年（公元692年）八月，武承嗣被罢相，武攸宁从门下省长官纳言被罢为冬官尚书。与此同时，武则天换了几个新宰相：司宾卿崔神基、秋官侍郎崔元综、夏官侍郎李昭德、检校天官侍郎姚璹、检校地官侍郎李元素。

武承嗣等人受此挫折，在武则天面前也毁谤李昭德。武则天说："这事你就不用说了，朕任用李昭德，才能睡得着觉，心里安稳，我这是让他替我分忧代劳。"这样，武派权势过盛的局面得到了控制，李派在武则天的扶植下有所恢复。

长寿元年（公元692年）后，李派开始对武派进行攻击，首先从言论上开始了一轮批判酷吏政治的潮流。侍御史周矩、右补阙朱敬纷纷进言。周矩提出："臣暗地听众人议论，都说现天下太平，何苦要反呢！何况这些被诬告的人哪里尽是英雄豪杰，个个想当帝王呢？不过是怕苦刑而自己诬招罢了。现在满朝官员都忐忑不安，怕陛下早上与他们还是亲密无间的，到晚上就变成了仇人，性命不保。满朝都是陛下的仇人，陛下处于极端孤立的地位！"周矩把这样一个问题摆在武则天面前：你究竟依靠谁？是依靠酷吏，落得众叛亲离的下场，还是把权力从酷吏手中收回，依靠文武臣僚治理天下？朱敬则认为，武则天过去用严刑和威严来排除对她称皇的异议，今天众心已定，应该省刑罚、崇尚宽简。否则，过去好的策略在今天就变成了坏东西。

这些人的话都说得很中肯，武则天动了心，开始对酷吏加以限制，并整肃告密者。她派监察御史严善思对告密者进行审讯。严善思公正直率，荣命追查，竟查出850多个告密者，其所告内容大多出于虚构，因此对这些人予以严惩。这些告密者其实大多是武承嗣、来俊臣等人的党羽，专以告密为能事。罗织之党受到挫折，他们对严善思加以报复，终使他坐罪流放远州。武则天很快察觉他是被冤枉的，又召他回朝廷。从此，告密之风也一蹶不振，诏狱也逐步衰退，刑罚稍宽。不久，来俊臣因犯贪赃罪被贬为同州参军，酷吏王弘义也因罪被流放琼州，侯思止也因违反了禁止民间藏锦的法令被李昭德察觉，武则天下令将他杖杀于朝堂。

与此同时，武则天还对司刑平恕公道的官员加以保护和任用。徐有功是最有名的李派法官，他初任蒲州司法参军。徐有功以用法宽恕，敢直接与武则天争辩。徐有功于载初元年（公元690年）武则天称帝前夕被提拔为司刑（大理）丞。在任期间，他多次顶住酷吏的嚣张气焰，将被关押到大理寺狱中的数十家无辜之人营救出来。尽管由于他多次与武则天就定罪量刑的问题在朝堂上发生争论，甚至激怒了武则天，但他的职位却不离司法系统，后又任秋官郎中和司刑少卿。

随着李派势力的逐渐恢复和发展，武则天又不放心了，反过来扶植武派。延载元年（公元694年），来俊臣又坐赃，九月，贬同州参军。虽然由正四品下贬至从七品上，但同州是紧挨首都的地方。来俊臣的罪行，肯定要比侯思止、王弘义的严重，按理早就该下狱当死了，却一再得到宽大的待遇！要杀来俊臣，罪名俯拾即是，但她舍不得杀，留下他还有用处。果然，万岁通天元年（公元696年），来俊臣东山再起，他帮武则天再次对李唐派势力加以打击。

来俊臣得以东山再起的原因，主要是武则天对李唐余孽的忧虑，凑巧又因为公元696年与公元697年之际发生了一起谋逆案。那起谋逆案是刘思礼、綦连耀谋逆案。公元697年，一个与名门望族有关系的刺史刘思礼被一个术士的夸夸其谈的预言所惑，组织了一次夺取皇位的阴谋。长社人张憬藏是一个著名的术士，他曾给许多人物相命，刘思礼曾从他那里学过相命。他预言，刘思礼以后将飞黄腾达，位至太师。刘思礼认为，太师是人臣之极，绝不是通过一般途径可以爬得上去的，于是他起了谋逆的想法。刘思礼企图拥立洛州录事参军綦连耀做皇帝，他认为綦连耀身上有龙气。刘思礼吸收了一批京师官员，其中值得一提的是还有个天官（吏部）侍郎。这就更刺激了人们的幻想。但在他们行动前，此事泄露，告发的人是来俊臣。正全力关注于契丹威胁的武则天已不能容忍，便让来俊臣去对付这些密谋者。正好来俊臣一直在等待这一机会，于是大搞扩大化，株连无辜。受害者约有36家，都是名士，全被族诛，亲党连坐流窜的达千余人。朝廷又被猜疑和恐惧的气氛所笼罩。

李、武两派就在这种拉锯战中不断斗争着，而武则天则是制衡这两股力量的那只手。直到武则天感到自己年岁渐老，她才确定了归唐的政策。

武则天的政策转变是一个长期的过程，在这个过程中，她逐渐由威酷变得宽仁，这一方面是人老以后，性格渐趋内敛；更重要的是她和平过渡的大方针已定，不愿再因轻易杀戮，而引发人心的动荡。

残忍疑忌是前期武则天的主要心态特征之一，但武则天称帝之后，不免也有所反省。这种反省，使武则天渐渐显得仁慈起来了。当然对臣民的疑忌依然不能消除，所以她表现出了矛盾的心境，时而残忍，继续推行恐怖政策；时而担心刻薄有余，延揽人心不足，于是多施仁政，颇为仁慈。逐渐地，仁慈之心战胜了残酷之心，成为她晚年心境的主导方面。

长寿二年（公元693年），李旦王妃窦氏之母庞氏被家奴密告，武则天令给事中薛季昶查按。薛季昶将庞氏定为死罪，徐有功却认为庞氏无罪。薛季昶于是奏徐有功袒护逆党，请交法官论罪，竟判处徐有功绞刑。徐有功得知这一判决后，叹息道："难道只我一人要死，别人就永远不死吗？"说罢从从容容地吃了饭，拿一把扇子遮住脸，躺在椅子上睡了。这是个不同寻常的夜晚，大概武则天也对徐有功的态度产生了好奇，认为他表面上装得刚强而坦然，内心必定忧惧，就派了个人秘密地窥视他。窥视者去的时候，发现徐有功已经睡熟了。第二天早晨，武则天召见徐有功，问道："你近来处理案件，为什么总是失之于宽？"徐有功答道："失之于宽，不过是人臣的小过，好生恶杀，才是陛下的大德啊！"武则天听了，沉默良久，下令免除庞氏的死刑。这些都是武则天反省的表现。

武则天晚年对嗜杀的反省，并不是突然出现的，而是与周围环境有关系。总的说来，武则天心境如何，与她所接近的人有些关系，而佛教特别是禅宗在其中起着一定的作用。当她与薛怀义等奸僧接近时，她嗜杀之念较强；当她与神秀、义净等高僧接近时，她嗜杀之心减弱。近朱者赤，近墨者黑。

这种宽仁谨慎的态度还表现在她纳谏上。圣历元年（公元698年）以后，武则天接受谏议的事例比以前多了。

武则天崇信佛教，晚年尤甚，却容许某些反佛教言论的存在。例如狄仁杰，就曾提出过极为尖锐的反佛言论。久视元年（公元700年）四月，有个西域僧人邀请武则天到所在寺庙去观看埋葬舍利，车驾已行至半途，被狄仁杰拦阻。狄仁杰列举了许多不能去的理由，其中的一条是：佛为夷狄之神，不足让天下之主屈尊去拜。这种强烈的反佛观点，在武周时仅见狄仁杰此例。武周帝国的支柱之一是佛教，以佛教经典，或以杜撰疏注的方式，论证武周帝国是神意志的产物，佛的地位在"天下之主"之上。现在，狄仁杰指斥佛为"夷狄之神"，其地位在武皇之下，真是大胆！但是武则天却以宽容的态度对待狄仁杰的指责，而且接受了狄仁杰的意见，打道回宫。武则天给自己一个台阶，说这么做是为了培植臣下的凛然正气。

武则天此时的宽仁谨慎还表现在用人方面。在恐怖时期，她也注意搜罗人才。那时，她采用的是放手招官的方式。对于通过这种方式当官的人，她不甚爱惜，常常将他们随意杀掉。但在晚年，她对"求贤"采取了慎重态度。一些为武则天所信任的大臣，都有推荐人才的权利。特别是几个著名的大臣，如狄仁杰、陆元方、朱敬则、魏元忠等。他们推荐上来的大臣多被重用，很少被随意杀掉。

结束了恐怖政治的武周帝国，这时能够集中一定的力量，收揽更多的人才来对付严重的外患。负责指挥反击突厥的将领有魏元忠、姚元之、薛季昶、薛讷等，都是一时的人选。他们虽不能彻底消除边患，消灭默啜可汗的势力，但能持重自守，保持与默啜可汗对峙的局面，边境上出现了一种稳定的相持形势。自高宗朝中期开始的军事逆转，至此基本不再发展了。

武则天后期，结束了恐怖政治，她表现出了宽容的态度。但是，迫在眉睫的李武争位问题亟待解决，她必须选择，而且要为这个选择做好充分的准备。

第二节　李武并贵

立子与立侄的矛盾，是武周后期的一个核心问题。

到了武则天执政的中后期，一个重大问题摆在了所有人面前：那就是武周帝国的继承人问题。武则天必须为自己的身后之事做好打算，留给继承人一个稳定的、能够继续发展的帝国。而李武两派已经成为两大势力，再消灭哪一方，都会给政局带来颠覆性的影响，这不是武则天所希望的。她的目的是两方既共同存在，又相互牵制，保证自己居中掌控的权威地位，再试图将两派捏合在一起。

从李渊建国一直到唐玄宗开元初年，唐朝的朝廷局势长期动荡不安。政治面貌混乱的主要原因，在于皇权的继承失去了秩序。中国封建专制王朝长期遵循的是嫡长子继承制，但是在唐代前期，嫡长子继承制相对失去了这种约束力，最高权力的继承靠赤裸裸的政治斗争。唐朝前期的皇位继承，有两点值得注意：

第一，预立的储君无一能平稳地继承皇位，如隐太子李建成、恒山郡王李承乾、陈王（后追封为燕王）李忠、孝敬皇帝李弘、懿德太子李重润、节愍太子李重俊等，不是被废黜便是被杀害。

第二，真正继承皇位的，都是依靠"宫廷革命"上台的，比如太宗、中宗、睿宗、玄宗。在这种情况下，皇太子其实只是名义上的储君。相对于名义上的储君，一直存在着强大的竞争对手——"潜在的储君"。

继承人之间互相争斗，大臣各投阵营，从内廷到外朝，由朝堂而至地方，就形成了庞大的政治集团。这些政治集团以"一君两储三方"的格局出现。一"君"是指有实权的皇帝或太上皇；两"储"是指政治集团间分化组合成最大的两个集团，各自拥护一个皇位继承人选（名义的储君或潜在的储君）；三"方"是指两大政治集团与握有实权的君主构成三方力量。

这一政治格局是伴随着唐帝国的创建而产生的，与唐朝开国史紧密相连。自太原起兵开始，李渊一家便是分工合作创立基业。李世民、李建成、李元吉在军事斗争中都逐渐形成了自己的智囊班子、武装力量和外围人员。所以在唐帝国建立以后，李世民等人与高祖的关系，便和以前皇子与皇帝的关系不尽相同。李建成是名义上的储君，李世民、李元吉拥有强大的实力和继承皇位的某种合法性。特别是李世民，有扫荡天下的大功，是潜在的储君。最后分化组合的结果，是唐高祖、秦王、太子与齐王形成"一君两储三方"的格局。太宗既已依靠武力夺取皇位，以他崇高的地位和威望，便成为诸位皇子仿效的对象。李泰很有其父之风，招揽人才，觊觎储位。李承乾也积蓄力量，准备夺权。他们不但想杀死对手，也着手挟持太宗。于是李泰、李承乾与太宗又构成了"三方格局"。作为政治强人，唐太宗果断地将两个继承人集团都消灭了，让李治继承了帝位。但李治的软弱使李氏失去了政治上独尊的地位。

推动这一格局持续影响政治的，是武则天改唐为周的行为。

唐代前期皇位继承混乱的一个重要渊源，就是皇权与贵族的矛盾和斗争。陈寅恪认为："唐代之史可分前后两期，以玄宗安史之乱为分界线。前期最高统治集团表面上推属李氏或武氏，自高宗初年至玄宗末世，百年有余，实际上最高统治者轮转分歧混合，虽有先后成败之不同，但可视为一牢固的复合体，李、武为其核心，韦、杨助之黏合，宰制百年世局。"

武周代唐以前，皇位继承人选，仅仅在李氏一家中产生。然而武周代唐以后，皇位继承人选的范围就扩大到了李、韦、武几家特殊的贵族：武承嗣、武三思、韦后（中宗李显之妻）、安乐公主（韦后之女）、太平公主等都试图成为皇位的继承人。

在武则天称帝期间，特别是王朝后期，李氏和武氏各有一个实力集团，与在位的武则天构成三方格局。作为皇帝的武则天，一方面不得不面对唐初遗留下来的几大政治势力插手皇位继承人的现实；另一方面，她也在利用甚至导引这种现实，为己所用，维护自己的政权稳定。在相当长的时间里，武则天扶持武氏凌驾于李氏之上。毕竟，帝国的皇帝是姓武的，大部分实际掌权的官员是武氏门下客，许多忠于李氏的大臣被剪除，甚至皇储李旦也改姓武氏了。

太子的缺位，使武承嗣等人跃跃欲试。政治上的权威要靠时间来树立，一个家族占据皇权的时间越长，便越具权威性，越具合法性。反之，这个家族的权威性和合法性越受到质疑。武周代替李唐，长达数十年，足以使李氏的绝对权威受到削弱，而武氏的特殊地位逐渐为贵族乃至全国老百姓承认。但是李氏也在暗暗积蓄力量，力图恢复独尊地位。尽管诸武子弟来势汹汹，而当时武则天的二子李显、李旦均遭幽禁，形同囚犯，但是诸武的企图却遭到了朝中执政大臣的坚决反对。李武太子之争的问题实质上是诸武子弟与支持李唐宗室的大臣之间的太子位之争。

武则天清楚她所处的环境，在对待李武两大集团上，她始终采取制衡的手段，力图避免任何一股势力激增，而对她的权力构成威胁。但立皇嗣的问题不解决仍是武则天头痛的事，她的内心也充满了矛盾。一方面，自古以来，任何帝王都是以自己的儿子为皇嗣，没有立旁支的道理。但另一方面，儿子虽是她生养的，但从宗法关系上说，儿子是李家的，她只是李家的媳妇，只要儿子是皇嗣，这天下终究是李家的。这种矛盾的心情一直困扰着她，她无法果断地做出决定。解决这种矛盾的办法，就是把她的儿孙都改姓武，于是出现了两类亲王并立的情况。令武则天烦恼的是，这两类亲王虽都姓武，却明显是两个阵营，在宗法关系上，他们血统不同，合不到一块儿去。

到长寿二年（公元693年），继承人问题再起风波。正月初一，武则天主持祭享万象神宫大典，非常隆重。在这盛大的元日大典上，继武则天之后为亚献、终献的分别是魏王武承嗣和梁王武三思，而没有皇嗣李旦的位置。李旦此时正处于危险的境地，他的王妃刘氏和窦氏（李隆基之母），被告发在宫内搞迷信活动，诅咒武则天，乞求非分之福。正月初二，刘、窦二妃被秘密杀害。窦妃之父润州刺史窦孝谌、母庞氏和他们的三个儿子在此后也受到奴婢的诬告，差点被满门抄斩。此举目的明显是针对皇嗣李旦，李旦不敢对武则天稍有违拗，事后来到母亲跟前，强装不知，容止自如。

一个月之后，皇嗣李旦诸子全部降低封爵，皇太孙李成器降为寿春郡王，恒王李成义降为衡阳郡王，楚王李隆基降为临淄郡王，卫王李隆范降为巴陵郡王，赵王李隆业降为彭城郡王。武则天还对儿孙们加以监视、幽禁，怕大臣与他们接触。尚方监（少府监）裴匪躬和负责宫内侍奉的宦官头领内常侍范云仙，因未经批准而私自拜谒李旦，被腰斩于市。这时，她似乎倾向于提高武氏诸王的地位。

神功元年（公元697年）前后，争夺继承权的斗争进入新的回合。

这时，张易之、张昌宗兄弟因为太平公主的荐引已经来到宫中，以年少貌美得幸于武则天。诸武极力巴结二张，想通过他们谋求储位。

神功元年六月底，武承嗣、武三思再度拜相，这是二张吹风的结果。

然而，形势的发展对武承嗣、武三思极为不利。尽管他们打出宗姓继嗣的传统招牌，声言自古天子未有以异姓为嗣者，但立子弃侄已是人心所向。宰相狄仁杰再度依照当年李昭德的思路对武则天进行劝解，他为此事同武则天作了多次交谈，狄仁杰强调："陛下现在享有的天下，是太宗皇帝栉风沐雨、亲冒锋矢而开创的，他完全有理由传之子孙。高宗天皇大帝去世时，把二子交托于陛下。陛下今欲将皇位移交给他族，恐怕也太有违天意了吧！"立侄对于武则天来说不仅意味着弃子叛夫，是对自己合法性的否定，而且身后的地位也并无保证，这是武则天多次做出传子不传侄决定的重要前提。为了强李抑武，狄仁杰想办法把庐陵王李显从房州召回，宰相王方庆、王及善等也逐渐站到狄仁杰的立场上，支持召回庐陵王。

这次继承人问题的复杂性在于，它又和外交问题纠缠在一起。两派都想利用外交压力使继承人的归属朝着有利于自己的一面发展。

万岁通天元年（公元696年）五月，东北的契丹反武周，在首领李尽忠、孙万荣的率领下，攻陷营州都督府，所向皆下，女皇大发兵以迎战。当大周情势紧急之时，九月，吐蕃遣使来议和交涉，要求割让安西四镇之地；同月东突厥先寇凉州，执都督许钦明，又遣使来，要求以归还河西降户作条件，换取出兵助国讨契丹。女皇命建安王武攸宜为清边道行军大总管往讨。十月，李尽忠死，孙万荣代领其众。此时东突厥首领默啜乘间袭击契丹的松漠根据地，使孙万荣军势一时受挫。稍后契丹复振，攻陷冀州（今河北冀县），又攻瀛洲（今河北河间市），兵锋深入，河北震动。至翌年（公元697年）三月，与王孝杰军17万会战于东硖石谷，武周军大败，王孝杰殉阵，契丹乘胜攻入幽州境内，杀掠百姓，武攸宜不能克。围攻幽州时，孙万荣还以李显、李旦被废为借口，并移檄洛阳朝廷曰："何不归我庐陵王？"这或许从另一个角度触动了武则天。四月，女皇以河内王武懿宗为神兵道行军大总管往击契丹。六月，武懿宗至赵州（今河北赵县），不战而南退相州（今河南安阳市），委弃军资器仗甚众，契丹屠赵州。

武则天不得不起用李唐派。第一个被起用的人是狄仁杰，之后，年近八十的益州长史王及善，被起用为滑州刺史。武则天和他进行了长谈之后，进一步发现了他的才能，任命他为中书令，进入宰相班子。这种情况对武派是不利的。河北危机越发展，武派的无能表现得越充分，李唐派士族被重用得越多。武派氏族必须在二者之间做出选择：或者独立解决河北危机，或者让李唐派士族越来越多地夺走他们的权位。这时候，新情况出现了。

这一年六月，东突厥默啜可汗又乘孙万荣进攻幽州的时候，再次袭击他的后方基地，使孙万荣军心恐惧动摇，所部奚人叛变，与武周军夹攻孙万荣。孙万荣大败而逃，中途被部下所杀，传首神都，余众皆降于东突厥。至九月河北大定，女皇大宴通天宫，改元为神功，以示庆祝。殊不知，一个更危险的敌人正在身边成长。默啜可汗久有东突厥复国之志，借此次机会坐大。默啜可汗借唐兵除去了心腹大患契丹，又得到唐廷的分封和大量物资，兵强马壮，羽翼丰满，意欲南侵，图谋河北。

在战事吃紧之时，默啜可汗进行称臣后的第二次交涉，提出三项要求：

（一）请与女皇结为母子；

（二）请将女儿嫁与"天子之儿"以结和亲；

(三)请将六州降户、单于府之地以及农器、种子赐给东突厥。

女皇君相恐怕又生一敌,同意所请。这就使得问题复杂起来,因为它与武周国内头号政治问题,即储位归属问题连在一起了。"天子之儿"有两种解释:一是指李显、李旦;一是指武承嗣、武三思。照武派看来,如果默啜可汗接受了武延秀,那就意味着在天下人面前否定了李显、李旦"天子之儿"的地位,这对于他们实现夺储目的是有利的。时任凤阁舍人的张柬之劝谏说:"古无天子娶夷狄女者。"这位后来的李派中坚的话看似保守迂腐,实际是想破坏武派的盘算。

武氏家族内打算以武承嗣之子、淮阳王武延秀为人选和亲。武延秀年轻俊美,这样的人物,想必默啜可汗是可能接受的。这便是武氏家族的如意算盘。为了争取这门亲事的实现,武周帝国决定全面满足默啜可汗的要求。他们希望把一场对他们不利的危机转化为一场政治上的胜利。

但当武延秀一行到达突厥的黑沙以后,默啜可汗翻脸撕毁和亲协议,理由之一是女婿人选失当,并公然声称,他将举兵进犯,进犯的目的是兴李灭武。他对武周的使者阎知微等说:"我的女儿准备嫁给李家天子之儿,你今将武家儿送来,此天子儿吗?我突厥世代降附李家。我听说李家后代没绝,还剩下两个皇子,我现在要出兵施压,助他二人重登皇位。"于是,他发兵攻打武周,动员兵力达十余万。

默啜可汗由大约现在张家口一带进入河北。当他入境后,武则天做出部署:由武重规等指挥30万军队,由李多祚、阎敬容指挥15万军队，抵抗突厥兵。但圣历元年（公元698年）九月十一日，默啜可汗还是攻陷了赵州，突厥的一支偏师南下进攻相州，这是他进攻的顶点了。

默啜可汗进犯的目的，是想引起武周帝国内部武、李两大派系斗争，从而乱中取利。却不料，它使得帝国内部的政治斗争出现逆转局面，悬而未决的储位问题，迅速得到了解决。

九月十五日，李显正式登上太子位，皇嗣李旦退位为相王。再过两天，李显被宣布为河北道行军元帅。不过，太子其实不出征，女皇另命宰相狄仁杰为河北道行军副元帅，统兵赴敌。

这个划时代的事件，无论对默啜可汗，还是对武周士民，都几乎收到了立竿见影的效果。朝廷募兵以击突厥，本来应募者不满千人，李显复位后，募者云集，不久就超过5万。武周军还没出发，默啜可汗大掠了一场后就开始撤军了。

河北战场上的硝烟还没散尽，李派就积极展开了巩固李显储位的活动。他们所关心的，与其说是击退突厥进犯的问题，不如说是如何才能巩固李显的储位问题。突厥的压力减轻之后，李显是否还能保住他的储位？

新任安东道经略薛讷做出了一种试探，他向武则天上奏，认为如果将李显升为皇嗣的诏命明确化，对于稳定国内和外交形势有利。武则天同意了他的看法。第二个进行同样性质活动的人物是王及善，他向武则天提出了一项建议：让李显与朝臣见面。

其实，武则天对于立嗣这件事关武周气运的大事是不会意气用事的，李显的复位不是权宜之计。武则天晚年面对向李唐回归这样一种大趋势，没有逆流而动，最终选择了儿子作为太子。之后，她便要试图糅合李、武两家势力，希望两股势力能在她设计的框架内和平

· 207 ·

共处。

武则天在立嗣问题上顺从大势，倒向了李派，但在权力分配上仍给武派留出位置。武则天暮年，精神减损，朝廷大政，悉委诸宰相。这些宰相中既有李派的狄仁杰、娄师德、王及善、姚崇、陆元方、魏元忠，也有武氏家族的武三思、武攸宁以及武则天亲信之臣吉顼、李峤、苏味道等人。这样，一批元老重臣得入宰相集团，而武姓侄儿也在中枢中得预朝政，他们可以牵制诸宰相；她的心腹吉顼出入内宫，起监视两派的作用。在她暮年的权力中枢中，仍是这么一种互相制衡的群体。

武则天的这种努力对整个政策向李唐回归，同时保全武氏起到了一定作用。只是李唐派的势力在暗中已准备多年，一朝爆发，重创了武则天。不过，这并没有摧毁武则天设计的政治框架，武家势力经过几十年的积累，毕竟根基很深，李唐派的东山再起要等到中宗即位后。这虽然已是武则天的身后事，非她所能预料的，但这果的根苗是她栽种的。

中宗李显虽然出身李氏，但他对日益壮大的宰相功臣集团特别是曾为储君的李旦心怀疑忌。刚刚回到京城、没有亲信的中宗便依靠武氏残余力量平衡局面。而此时能够而且愿意对抗相王及宰相功臣集团的，只有残余的诸武势力。于是中宗便扶持武氏残余势力，同时提高皇后韦氏的地位，并力促韦武合流，共同对抗相王及宰相功臣集团。这便是中宗即位后武氏势力仍能保存的原因。

到武则天晚年时，她在两个天平上不时各加一些砝码，以保持平衡。这种转变是因为她老了，减法的杀伤力太大，她担心自己控制不了而生变。用加法，两派的实力都有增加，两派中一派被完全消灭的可能性也就越小。

武则天晚年更坚决地执行"李武并贵"的政策。所谓并贵就是两派并存且相互牵制。她把李显召回立为太子，但又让李氏兄弟和武三思等人盟誓共相容，还把拥李的宰相魏元忠等人外贬。多方牵制搞平衡的权术确实让她超脱于各派之上，扮演着最后终结者的角色。但并贵的政策让两方都不安心，李派最终靠政变结束了武则天的执政生涯。那是李派潜藏深伏，蓄积多年的结果，也因为武则天太老了，无力掌控局面了。

庐陵王复立为太子之后，李、武之间的矛盾并未因此消解。武则天在传位的准备过程中，为调和这种矛盾进行了努力，表现出一个成熟的政治家特有的远见。武则天对身后政治前景的规划是出于如下考虑的：即让李姓做皇帝，维持李唐江山；同时，又要让武姓享有在她称帝期间已经享有的一切权利。

于是在武承嗣去世和李显太子身份确立之后，武氏人物毫无顾忌地得到迅速提拔或被委以重任。圣历元年（公元698年）八月，武承嗣去世的第三天，以春官（礼部）尚书武三思检校内史，武三思再次被摆到了首相位置。同月，武重规以司属（宗正）卿兼天兵中道大总管，掌并州（今太原市）城中的天兵军。九月，夏官（兵部）尚书武攸宁拜为宰相。十月，下令在洛阳城外屯兵驻防，命河内王武懿宗、九江王武攸归统领。圣历二年（公元699年）七月，武则天命建安王武攸宜留守西京，接替会稽王武攸望。以上安排的意图非常明显，武氏人物被授以掌握军政大权的要职，并控制着洛阳、长安、太原三大政治中心。

武则天深知，仅仅抬高武氏仍无法保证其对政治前景所作规划的落实。于是，又采取了两个行动。一是在圣历二年（公元699年）腊月，赐太子李显姓武氏，赦天下。这无异于告诫李显，今后继承

· 209 ·

了皇位，不能否定武周帝国的合法性，不要忘记武氏家族的权利。这个时候，武氏家族的代表人物已经不是武承嗣了，他于圣历元年（公元698年）八月病死。武氏家族的代表人物是梁王武三思与定王武攸暨。二是在同年六月，命太子李显、相王李旦和太平公主与武攸暨等盟誓，告天地于明堂，并将誓文铭刻在铁券上，藏于史馆。李显等人做出了保证维护武氏权利的承诺。经过如此周密郑重的安排，武则天感到可以放心了。八月戊申，武三思正拜内史，去检校（代理）之名。十月，武则天将幽闭于宫中八年之久的相王李旦诸子解禁，令出阁置官署。

在调和李武矛盾的过程中，武则天也知道，武氏家族中人，在才识、气度、人望上都无法和李唐宗室中的后起人物相比，她很快又将武三思罢相，但她不允许他人把武氏人物不放在眼里。在此前后，发生了一件令武则天大发雷霆的事情。

被武则天倚为心腹的吉顼，当时是宰相中的重要人物，以天官（吏部）侍郎同平章事。吉顼甚至有可能是武则天选定的顾命大臣的人选。武则天需要一位在她身后能保证"李武并贵"继续执行的人。吉顼是迎立李显建议的倡导者之一，同时，又与武派有一定的交往，吉顼的两个妹妹是武承嗣的妾。

但是，吉顼日益偏离武则天设计的李武并贵的框架。他预见将来武氏的政治前景堪忧，而向李派一边倒。早在突厥攻陷定州以后，武则天要吉顼在相州募兵，吉顼初到相州募兵的时候，人们都不肯前来应募。当李显恢复储位并被任命为河北道元帅的消息传到相州以后，人们争着出来应募。突厥侵略军撤走以后，吉顼回到洛阳，把上述情况告知武则天。武则天对他说："民心是这样的吗？你可以和大臣们讲述一下。"吉顼便在朝臣中大肆宣扬，引起了武氏家族的强烈反感。

圣历二年（公元699年）腊月，吉顼又与武懿宗在武则天面前发生正面冲突。起因是两人争赵州之功。吉顼身材魁伟、口齿伶俐，而河内王武懿宗却身体矮小，不善言辞。二人在武则天面前争功，吉顼表现得有些盛气凌人，武则天当场就很不高兴，心想："吉顼当着朕的面，犹敢小视我武氏诸人，往后哪里还能倚靠得住！"她不允许任何人破坏自己精心设计的政治规划。吉顼有拥立李显之功，又胆敢鄙视诸武，武则天不能再容忍了。吉顼似乎尚未认识到事态的严重性，不久，他去见武则天。正当他想援引古今，卖弄才华的时候，武则天勃然大怒："你说的这一套，我听得多了，不用废话！朕过去做宫女时，曾向太宗表示，只要给我铁鞭、铁锤、匕首三件东西，就可制服那匹狂烈的狮子骢，连太宗听了都壮朕之志。难道今日你还想污朕匕首！"于是，吉顼被贬为安固县尉。

吉顼向女皇辞行时，流着泪对女皇说："臣今日远离宫阙，恐怕同圣上永无再见的日子了。今天愿陈一言。"女皇命他坐下，对他说："你有什么话就对朕说吧。"吉顼说："合水土为泥，有争端吗？"女皇说："没有。"吉顼又说："分一半为佛，一半为天尊，有争端吗？"女皇说："有争端。"吉顼顿首说："宗室、外戚的位置如果摆得很分明，则天下安宁。今太子已立而外戚还是王，这就是陛下驱使他们在日后争斗，两不得相安了。"女皇叹口气说了实话："朕也知道这事难处，但业已造成了这种局面，朕也不知怎么处理好了。"

吉顼以佛道之争为喻，指出李武并贵政策可能导致李、武冲突。在吉顼看来，强使李、武共立盟誓之类的事情是没有意义的，它并不能使李、武和好，恰恰相反，将会使他们相互争权，相争的原因就在于未定分，定分是吉顼的基本观点。正所谓安分守己，权力的界限不明，等级不清，就容易起争端。从历史的经验看，吉顼的话确实言之有理。亲王势力隆盛超过了皇嗣，确实是产生动乱的根源。但是，武则天不能不坚持这个政策，这大概是不以人的意志为转移的缘故吧。

武则天既然顺应了大势让李唐血脉继承武周，就不得不以武氏家族来作为平衡日益增长李派势力的砝码。

第三节　面首惹祸

骆宾王曾在《为徐敬业讨武曌檄》中这样描写和论述："洎乎晚节，秽乱春宫""陷吾君于聚麀"，指斥武则天淫乱。武则天对这些批评大多是充耳不闻，没有气急败坏的举措。这是因为她并不把自己当成一个不守妇道的女人被人说中了要害，而把自己当成一个真正的君王。对于君王来说，私生活本来就不是什么大事。

武则天的生性是统治，是征服，是扫平敌人，是攫夺大权。公平而论，武则天的确是当时最精明强干的政客，胜过那些学识渊博的儒臣，胜过历代雄心大志的皇后。只有与雄健的男人或俊美的少年调情放荡才是她的消遣，她借此寻求轻松愉快。

武则天所纳的第一个面首是薛怀义。据《旧唐书·外戚传》记载：薛怀义本名叫冯小宝，是洛阳城里一个贩卖脂粉等货郎，因生意交往便结识了贵族公主的侍女，在侍女的帮助下结识了武则天的女儿太平公主。太平公主见薛怀义身体魁梧强壮，于是引他进宫正式向武则天加以推荐，武则天便任命他为侍从。

薛怀义不但是面首，还是女皇的得力助手。他组织一批高僧从《大云经》里找出了所谓女主降临天下的预言，为武则天建立新朝提供舆论准备。武则天命他修白马寺，薛怀义又仗着这种恩宠，作威作福，欺压朝臣，但武则天对他一味袒护，可见宠爱之深。

武则天蓄养面首，无论在当时还是后世都是招来大量非议的举动。

久视元年（公元700年），朱敬则上疏指斥武则天的私生活。他说："陛下的内宠有薛怀义、张易之、张昌宗，本来已经足够了。最近又听说尚舍奉御柳模，自夸他的儿子柳良宾肤色白皙，须眉俊美；长史侯祥云自称阳道壮伟，正可在内宫侍奉皇帝。这些没有廉耻、不和礼法的行为在朝廷泛滥。"奏疏上达武则天手后，武则天召见朱敬则，还赏赐有加。陈寅恪曾有议论："武则天是皇帝或女王，而非太后，既非太后，而是皇帝，则皇帝应具备的礼制，武则天也应具备。区区张易之、张昌宗、薛怀义等男宠，和唐代皇帝后宫人数比是少多了。否则朱敬则何以能畅言无禁忌，而武则天又何以公然加以赏慰，不羞愧？"

武则天用外戚，蓄男宠，很大程度上是为了向男性皇帝看齐，毕竟在她之前没有女性做皇帝的先例。自己就是先例，自己就是第一。除了向男性皇帝看齐之外，她难免要标新立异。武则天比较重视女权，她敢于蔑视男尊女卑的传统观念，并且敢于向旧的传统习俗进行挑战。她目睹男皇帝有三宫六院，可以网罗数以千计的宫妃采女，为什么当女皇帝的人就不可以挑选几个面首呢？

得宠后的薛怀义逐渐厌烦了在宫中的生活，不愿陪伴年老的女皇，就以白马寺为据点，在外面胡闹。他把河内老尼、嵩山韦什方、老胡等一帮人笼络在周围。这班人以神仙自命,而薛怀义俨然是他们中的主导。

有一次,这位大和尚薛怀义从皇宫前门进宫往武则天的宫院去,大摇大摆地穿过门下省的大厅。门下省侍中苏良嗣,为一谨严长者,向他招呼为礼,薛怀义假装没看见,不予还礼。苏良嗣大怒,斥道:"贼秃子,焉敢如此无礼,你进来干什么?"薛怀义捋胳膊,卷袖子,就要把他拿手的摔跤本领露几手儿,在朝廷宫门里咆哮一顿。但苏大人令侍卫制伏了他,打了他十来个嘴巴。薛怀义赶忙跑到武则天的宫院英贤殿,大诉委屈。武则天听了大笑起来:"谁告诉你从前门进来的?你应当从北面进来才是啊。"侍中苏良嗣什么事也没有。这种事传出去只会使武则天的名誉受损,她不愿意把事态扩大。

武则天不愿意让这位大和尚离开,也不愿让他到外面街上散播宫阁的丑闻,于是派他管理皇宫和御花园。薛怀义告诉武则天他懂得建筑,至少会盖房子,这便成了他公然进入宫廷后院的借口。皇宫中嫔妃的住所一向只许女人进入,现在允许一个真正的男人进去,惹起了不少的闲言碎语。御史王求礼,一向恪尽职守。他上了一本,奏请大和尚薛怀义去势之后,再允许出入宫中女人住的宫院,以保"宫女之贞"。武则天阅完奏本,大笑起来。她觉得所奏太荒唐,仍以绝顶聪明的态度处之,置之不理。不该张扬的事她不会声张,君王的威势不需要在这个时候营造,这时正是表现宽容纳谏的好时候。

武则天的情感有了转移,她又有了新的面首。薛怀义恼羞成怒一把火烧了武周帝国的标志性建筑——明堂。明堂一场大火,骗局就被揭穿了。这么多神仙,竟然阻止不了一场明堂之火,连预告也没有一声！武则天斥责河内老尼："你常说能预测未来，为什么预测不出明堂的大火？"于是"神仙们"遭到了灭顶之灾，老尼及其弟子被没为宫婢，韦什方闻讯自杀，老胡逃走，只有薛怀义暂时留了下来。这件事情发生之后，武则天虽然觉得很丢脸，但又不好发作。她知道这是谁放的火，也知道为的是什么。她对朝臣说，只是因为工人疏忽，一堆麻引起了火。她下令要重新建筑这座明堂，还让薛怀义来督修。

但是，这个薛怀义似乎野心不小，企图建立一支僧军。他找了千名健壮有力的百姓，把他们剃度为和尚蓄养在白马寺。白马寺离洛阳宫城不过10余里，薛怀义的僧军，实在是肘腋之患。武则天决不能容忍他的这种做法，她派侍御史周矩去处理此事。周矩将那些武僧都发配到远地，唯一留下来的还是薛怀义。武则天对待薛怀义的态度，是剪除羽翼。既剪其上层羽翼，又逐其下层支党，薛怀义的力量，便越来越弱了。但他仍不识相，在武则天面前，言多不逊。

武则天讨厌跟这种粗人纠缠在一起，用法律审问他当然不行，那未免贻笑大方。她诸事慎重，知道若是在大庭广众之下审问他，万一哪个环节出错，当场什么事都有可能闹出来。她的名誉和尊严将毁在这些本来不算大事的事上。武则天决定除掉薛怀义，但这事要做得周密、干净利索，不起一丝波澜。于是她派了自己的女儿太平公主办这件事。

太平公主令人给薛怀义去送信，说武则天为重建明堂，有事跟他商量。随后找了二十几个健壮的妇人，都拿着绳子、杠子、扫帚把，告诉了她们怎么行事。时间到了，她和那些健妇一同到瑶光殿，瑶光殿是薛怀义去见武则天的必经之路。太平公主同时告诉武攸宁在羽林军中选一些卫士隐藏起来，预备行动。一切安排妥当，太平公主站在走廊之下等候。薛怀义通常都带着仆从骑马而来，在白马寺的那些和尚被放逐之后，现在又接到太平公主的这封信，他有点犹疑。后来，他想起武则天设法使他免受审问，告诉侍御史周矩放了他，于是推断武则天不会对他下手。为了谨慎起见，他小心翼翼地进了皇宫的北门，向四周探望了一下，在宫门和宫里的住宅之间有一座御花园，绕过一个池塘，他走到了宫中住宅的背后，在池塘与住宅当中有一段回廊，他又留心向左右前后打量没有别人，只有平日的一些宫女，太平公主正站在走廊之下，向他微笑。薛怀义下了马，把马拴在一棵树上。忽然间，好多健妇窜出来，把好多绳索往他身上套，这样把他绊倒在地，就像一条鱼落在网里一样，随之，那些健妇用木杠和扫帚棒子往他身上乱打。薛怀义大声吼叫，但他自己的仆从早跑光了。这时，卫士们也从隐蔽处跑出来，蜂拥而上。太平公主下令当场把薛怀义处死，尸体送回白马寺烧化了事。这件事做得干净利落。

武则天在宫中有一支侦察行刑的队伍，从王皇后、萧淑妃的死可以看出来；她还有另外一支毁尸灭迹的队伍，从被她除掉的太子妃找不到尸首就可以推断。但在除去薛怀义的时候，她没用自己的人马，而是让女儿去收拾，她在幕后审视。这固然因为她不屑再参与小的事件，也是为慎重起见。薛怀义和自己的关系太密切了，太平公主做起来会更隐秘，把握更大。

张易之、张昌宗是在神功元年（公元697年）入侍武则天的，此后大获宠信。张易之和张昌宗兄弟的出现给武则天养生增添了新的内容。这两个青年不但美貌，而且懂一些医药之术。武则天自己承认，他们为她配制的药有助于延年益寿。

林语堂说：自有了二张，武则天就像老顽童一样，可以在私下里不拘形迹,仿佛又回到了无忧无虑的孩童时代一样,她感到自己年轻了许多。有时她和张氏二兄弟等近侍无尊卑上下地逗乐,在有外人的场合也不觉流露出来,有些外臣看不过眼,认为二张无臣下之礼,在武则天面前屡次劝谏。史书也有记载:武则天宠张易之兄弟,每侍内宴时,这两个人与群臣嬉闹,王及善看不过去,屡奏以为不可。武则天不痛快,就对王及善说:"爱卿年高,不宜在内宫侍候宴游了,但检校外廷就可以了。"王及善听了不高兴,请假一个多月,武则天也不召他问事。王及善叹道:"岂有中书令而与天子一天不见的事呢?"于是上疏请退职休养。武则天却不肯放归,反让他担任文昌左相、同凤阁鸾台三品,只是不让他扰了内廷的热闹。王及善担任此职直到他去世。其实,游乐只是武则天的一个目的,更重要的是,武则天要在内廷建立一个"游宴内阁",以内制外,二张就是这"游宴内阁"的核心。毕竟,只有他们两人陪伴在身边,只有他们两人的前途和利益同女皇的利益完全捆绑在一起,也只有他们两人是她最放心的。

大足元年(公元701年),李显的儿子李重润和他的妹妹永泰郡主以及郡主的丈夫魏王武延基在私下议论张易之、张昌宗专政。此事为张易之等得知后,即向武皇倾诉,武则天震怒。九月,三人都被迫自杀。这是震惊一时的大事件,自来俊臣死后四年多来,很少发生处决重要人物的事,而现在,被杀者为两亲王、一郡主!大概当时的舆论,于二张不利,故武则天逼使三人自杀,用意不只是安抚二张,也用以警告舆论。

二张想要插手朝政,必须在宰相班子中打开缺口。而此后宰相班子的变动,却在朝着有利于二张的局面发展。长安二年(公元702年)底,李唐派的宰相魏元忠被任命为安东道安抚大使,领兵出征。长安

· 217 ·

三年（公元703年）闰四月，命宰相韦安石留守神都，派回洛阳，同时以二张集团中人物李峤知纳言事。

这年九月，二张采取进一步行动，密引凤阁舍人张说诬告魏元忠图谋不轨。武则天在朝堂当庭审理，一大群的朝臣站在殿外玉阶下边，他们在等候对质的结果。魏元忠和张昌宗被召上殿，他们各自陈述了一番，争论激烈。于是，张昌宗便提议召张说上殿，因为他是听到过魏元忠有谋反言论的证人。张说此时正站在殿外玉阶下边，当他正要上殿的时候，一些朝臣拦住了他。宋璟对张说道："名声和节气最重，天道难欺，你一定不可与奸小朋党去陷害忠良，以求苟活。如果因为触犯龙颜而遭贬，能流芳百世。如果有什么测，我一定上殿援救你，和你同生共死。"这席话，是宋璟当着众多的朝臣说的。

张说经过这么多人的劝告后，思想变化了。随后，他来到了殿堂上。

魏元忠并不知道张说已变化，见他进来，魏元忠立刻紧张起来，抢先说道："张说将和张昌宗一道陷害我了。"

张说斥责道："魏元忠，你这是什么话，你身为宰相，说起话来却像街上的小人。"

站在旁边的张昌宗，连忙催促张说道："快说，你快说！"

张说指着张昌宗对武则天说道："陛下，你看见了吗？张昌宗是怎样地威逼我！现在陛下面前他尚且如此，在外面如何威逼我，您可想而知！"

张说的话刚一说完，张昌宗叫道："张说和魏元忠一道谋反。"武则天要他列举证据。张昌宗说："张说曾经把魏元忠和伊尹、周公相比。伊尹放太甲，周公摄王位，他们都是谋反的逆臣。"

"不对！"张说驳斥道，"张易之兄弟不学无术，他们哪儿懂得周公、伊尹！魏元忠就任宰相的时候，我去祝贺，我说：'明公居伊、周之任。'这有什么不妥呢？伊尹、周公都是历史上著名的贤臣，陛下的臣子不向他们学习，又向谁学习呢？"

张说态度的变化，使得二张陷入困境。武则天斥责张说为反复无常的小人，应该与魏元忠一同治罪。这次对质，便暂时结束。

几天以后，武皇又提审魏元忠与张说。张说仍然坚持魏元忠无罪。武则天很生气，她把案子交给河内王武懿宗，由他会同诸宰相同审理。最终，武则天发下诏书：魏元忠贬高要尉，张说流放岭表。

二张不仅拉拢了宰相班子中的武三思、李峤、苏味道、李回秀等权要人物，对他们自己的几个兄弟也做了重要安排。张昌仪从洛阳县令做到了司府少卿、尚方少监，张昌期自岐州刺史提名为雍州长史，后改为汴州刺史，张同休做到了司礼少卿，都是三、四品的高官大员。

但是，反张情绪也异常高涨起来。长安四年（公元704年）七月，司礼少卿张同休、汴州刺史张昌期、尚方少监张昌仪皆因贪赃下狱，左右御史台受命一同审理。张易之也受到宰相韦安石、唐休璟的审查。但韦安石很快就在八月间被任命为检校扬州都督府长史，唐休璟也外派为幽营都督、安东都护。从唐休璟临行前给太子李显的密言中可知，他们是被二张排挤的，他说："二张恃宠不臣，必将为乱。殿下宜备之。"这是在张昌宗恢复官职之后，反张势力的又一次受挫。以调离韦安石、唐休璟的方式，免除了对二张的审判，这并不意味着二张问题的结束。人们已看出了武皇的尴尬处境：既要保护二张，又要敷衍舆论。她已经是捉襟见肘，露出窘态了。

长安四年（公元704年），李派骨干张柬之得到姚崇的推荐终于当上了宰相，而此时二张集团中的房融也从怀州长史入相。到十一月，韦嗣立之兄韦承庆入相。这时的宰相班子里，杨再思、韦承庆倒向二张，房融出自二张控制的奉宸府，但宰相中崔玄炜、张柬之是倒张的核心人物，双方似乎还是势均力敌。

大概从长安四年（公元704年）十月起，武则天的病情越来越严重，以致宰相们经常得不到见面的机会，但是此时二张侍奉在武则天身边。按理，侍奉汤药的，应该还有皇太子李显及相王李旦。而现在，李显、李旦被撇在一边，武家子弟也不得近前，甚至她唯一的女儿太平公主也不能近前。这当然与她习惯于二张的侍奉有关，但她不想表现出对武、李任何一方的偏向。在这个时候，她真正信任的人只有二张。只可惜二张不是沉稳有谋的大臣，而是她的面首，否则，顾命大臣一定会是他们俩。

武则天在对面首的迷恋中失去了对政治的敏感，而二张的野心勃勃也引来了群臣的反对。武则天病重后，李武两派都伺机而动，武周帝国的最后时刻越来越临近了。

第四节　女皇末路

神龙元年（公元705年）正月，武则天的病加重了。

武则天老年政治的两个突出问题是继承人问题和执政者的健康问题。老年政治产生的原因之一是恋栈，不愿退出权力舞台，这往往使继承人迟迟不能被确定。而拖得越晚，围绕继承人地位的争夺也就越广泛、越激烈，加之执政者因年老体衰又往往不能有效控制纷争，于是混乱的局面就出现了。

神龙元年的政变，固然是李唐派的势力在暗中准备多年，一朝爆发的结果，但也不可否认，武则天麻痹大意了，被对手钻了空子。自永徽夺宫至圣历复储，武则天确实很辛苦，她一直在与人争斗，费尽心机，才获得自己的地位。圣历之后，她才放纵了一下自己，也不过六七年之久。但就是这六七年，李派的活动瞒过了她，给了她致命一击。对政治家来说，他们是没有假期的，片刻的打盹也可能招来颠覆之祸。

圣历二年（公元699年）时的武则天，年已七十有六。在多年勤政之后，她渴望放纵一下自己。这年二月，武则天设置了一个新的机构，名"控鹤府"，是张易之、张昌宗等人的建议。控鹤府里天天的事情不外是花天酒地，吟诗作赋，赌博嬉笑，常拿朝中大臣当笑料。似乎是武则天要把这个控鹤府弄成一个神仙洞府。这所建筑围绕在雕梁画栋、金碧辉煌的瑶光殿，在控鹤府后面便是一里长的御花园，园中有一个长方的池塘，池塘里有两个小岛，四周全是花草树木，精雕彩绘的牌坊游廊。后来又捏造出神话来，说张昌宗前生就是古代的仙人王子晋。王子晋是传说中一位帅哥，后来飞天成仙了。为要把这个道家的仙梦实现在人间，张昌宗乃披鹤氅衣，戴华阳巾，手执洞箫一支，跨木鹤，周行园中，真是人人称美。到最后，控鹤府里满是些个美少年，这些美少年便成了武皇的"后宫佳丽"。

控鹤府后又改称奉宸府，府内官员称供奉，首脑称奉宸令。奉宸府的设置，受到正派舆论的谴责。武则天为了掩众口，下诏称让张昌宗等人在奉宸府内编撰《三教珠英》，于是公开地召引一批文学之士如李峤、富嘉谟、徐彦伯、张说、宋之问等人。

武则天尽管健康状况日趋不佳，却经常出席宫内的宴会。既然想玩乐，奢侈和腐败是免不了的。

武周朝廷的最后几年被张氏兄弟所左右，特别是久视元年（公元700年）狄仁杰死后，武则天更是迷恋她的两个面首，对他们真是有求必应。以前十分罕见的包庇和腐化当时变得很普遍，她没有采取约束这些宠幸的行动，甚至当关于他们卖官鬻爵的行径、浮华炫耀的生活作风，以及灾难性的干政的怨言不绝于耳时也是如此。武则天的名望也随之下降。

武三思是后宫宴会中的活跃分子，因为他发现了武皇内心中的秘密，即她的享乐欲望。武皇如果要享乐，便离不开二张。接近二张，就等于接近武皇。这就构成了武、张合流的又一背景。合流表现在武三思与二张促使武皇游娱玩乐上。

在武则天放松享乐时，李派面对武、张合流的局面，他们也在暗中进行着艰苦细致的积蓄力量的工作。

神功元年（公元697年），随着李昭德被处死，李派失去了中坚力量。那年是个多事之秋，契丹、突厥的进攻一波又一波，二张也开始攀上政治舞台。在这一连串的变动中，有一个人却静坐不动声色，在那里严密观察，他就是狄仁杰！狄仁杰，大名鼎鼎的、审案如神的大理丞，他的名字在民间是家喻户晓的，将来他要推翻武后，恢复大唐，现在正官居鸾台侍郎。他静观天下大势，知道时机未到。他这番功业之艰巨，自不待言，就如同扭转乾坤一样。要在武则天之前重兴唐室，谈何容易。

狄仁杰沉着冷静，他的智慧，他的眼光，不亚于武则天。心中所虑，除莫逆之友数人知道外，绝未向他人吐露过。

狄仁杰当然是忠于唐室的，对于武氏诸侄平步青云作威作福，只好三缄其口，暂时观望。如同武则天图谋大业时一样，狄仁杰也深知他需要忍耐，需要计划，需要时机。他知道，要重兴唐室，需要一批胆大心细干练有为之士。狄仁杰并不孤单，他与张柬之等人相知很深，全系志同道合。

在封建君主制社会中，最容易出现动乱的时候，往往是政权交替的时候。为了保证政权的顺利交接，历代统治者往往事先慎重而缜密地安排交接，其中挑选顾命大臣便是重要的一着。一般地说，顾命大臣首先必须保证政权的顺利交接，其次是辅佐新君，推行适当的政策。公元700年时的武则天，已76岁，李显复储后，她考虑的主要问题当然是关于后事安排。武则天的既定政策便是"李武并贵"。在推行了11年之久的恐怖政策以后，武氏家族丧尽人心，而武则天希望找的人要能在她死后继续执行并贵的政策，其任务的沉重，可想而知。现在她需要一个出将入相的大臣，在朝中有足够的能力和权威。武则天最初注意的人物就是狄仁杰，但她也觉得狄仁杰年龄太大了，身体又不好，她希望狄仁杰能替她物色一位担此重任的人。

狄仁杰与武皇之间，曾经有过一次极为重要的谈话。她要求他推荐一个"佳士"作将相。狄仁杰说道："如果陛下要求的是文人宰相，李峤、苏味道就足够了。如果陛下要求的是卓越的奇才，臣愿推荐另外一人。"

武则天问是谁。狄仁杰说："荆州长史张柬之。"接着，狄仁杰对比了张柬之的优缺点，其中提到的缺点是年岁太大（此时已75岁左右）。这是狄仁杰第一次推荐张柬之。这次推荐之后，武则天将张柬之由荆州长史调任洛州司马。不久，武则天又要求狄仁杰推荐"佳士"。狄仁杰仍推荐张柬之，他认为张柬之是宰相人才，仅任司马是不够的。这次谈话之后，张柬之被提升为司刑少卿，但还不是宰相。武则天对张柬之并不陌生。两年前，张柬之上疏反对武延秀去突厥迎亲，武皇非常气愤，将他的凤阁舍人贬为合州刺史。武则天对这个人是有所疑虑的，但还是提升了他的官职，其用意，只是敷衍一下狄仁杰，并非真的把张柬之当作"佳士"。可见，双方都持有一种极为慎重的态度。

狄仁杰的成功之处，在于他诱使武则天初步接受了一个与她谋求方向全然相反的人，即李唐派的张柬之。狄仁杰推荐张柬之，是在李显复储之后，它是一道政治伏笔。狄仁杰除了推荐张柬之外，还推荐了桓彦范、敬晖、姚崇等人，而他们都是日后政变集团中的骨干分子，事情的真相，就更为清楚了，他们绝不是偶然地走到一起。他们在政变前做了艰苦而细致的人事准备，而狄仁杰是幕后的总调度。

狄仁杰为什么能让武则天相信自己是"李武并贵"政策的忠实执行者呢？为什么能让自己的谋划在不知不觉中顺利地推行呢？这就在于他的处心积虑、小心谨慎和武则天的麻痹大意、放松警惕。为了使推荐获得成功，狄仁杰施放了一些烟幕，这就是他的养晦和自秽之计。狄仁杰晚年经常参加武则天召集的宴游活动，参加的人有武三思、张易之、张昌宗及一些文学之士，大都是奉宸府的常客。所做的无非是吟诗作对、饮酒赌博等娱乐活动，陪武则天消遣。

在《诗碑》上，曾记录了狄仁杰的诗，其中有一句是："老臣预陪悬圃宴，余年方共赤松游。"

"悬圃宴"指的是诗宴。"余年方共赤松游"意思是：臣老矣，余年无多，不想用心于政治，而想效仿张良，随传说中的神仙赤松子游戏于红尘之外。单从文学方面上看，狄仁杰的诗不过是一般的应景之作，读之令人兴趣索然。从政治上看，则是煞费苦心的。狄仁杰的这番表白，应该与他推荐张柬之活动联系起来看，两事发生的时间相近。更重要的是，狄仁杰一方面荐举张柬之等人，做政变准备，另一方面借诗会上的表白作为烟幕。在烟幕掩盖之下，他精心筹划着对武周的致命一击。

狄仁杰的烟幕还不止于此。杂史记载：狄仁杰晚年好财成癖，狄仁杰财迷的一面出现的时间正是他暗中准备匡复李唐大业之际。试想一个有着崇高理想的人，为了这个理想的实现不惜断头，怎么会爱财如命呢？其实，这也是狄仁杰在施放烟雾。如果也算一计的话，就称作自秽计吧。如果他表现得过于高洁，就可能引起武派疑忌。个人博得高洁的名声和匡复大业相比，狄仁杰更重后者。

狄仁杰的自秽，可以从他与二张的关系上看出来。二张声名狼藉，朝中舆论对他们不断抨击。而狄仁杰和二张交往频繁，关系似乎还不错。李显复储前，二张还曾向狄仁杰探求自安之术。看来，狄仁杰在二张中虚与委蛇，不惜自己在朝中遭受抨击和鄙视。在和二张的交往中，一方面，他与张昌宗赌博，另一方面，他竟然将赢得的千金之裘在归途中赏给了他的家奴。这是财迷吗？这是何等的豪气。他忍辱负重、图谋深远、常人不能见其迹，连武则天也被骗过了，终于换来了女皇对他的高度信任。

久视元年（公元700年），狄仁杰觉得自己大去之期不远了。他可以含笑瞑目，因为他已布置妥当，人事已尽，其余将听命于天了。这年九月，狄仁杰与张柬之密谈一番之后，遂与世长辞了，他临终时知道朝政付托得人，毫无挂虑，时年71岁。他知时机一到，张柬之就会起事，无须他自己动手。

长安四年（公元704年），李派的又一重要骨干姚崇的再次推荐，张柬之终于登上宰相位。当时，姚崇的官职是相王府长史兼任夏官尚书，还是宰相班子的成员。不久，姚崇向武则天上疏说："臣在相王身边，如果还掌管兵权，恐怕不好，这倒不是臣惜命，唯恐对相王不利。"姚崇的潜台词是：相王李旦不是太子，可是我这个掌兵权的人却在他的府上任职，恐怕无论对太子李显还是相王李旦都不是自安之计，对武周的稳定不利。武则天认为他的想法很对，她认为姚崇是一个爱护她的人，所以将他改为春官（礼部）尚书。

随后，姚崇受到张易之兄弟的排挤。九月，姚崇出任灵武道行军大总管，在八月至九月短短的时间内，调动了三个宰相：韦安石、唐休璟、姚崇。而现在，武则天正处多病之秋，她迫切地感到，需要一个有能力的宰相。于是，武则天问姚崇，在外司诸臣中，谁具有做宰相的才能？趁此机会，姚崇在临行之际，推荐了张柬之。他回答武则天说："张柬之深厚有谋，能断大事，他的人已经老了，请陛下从速重用他。"武则天终于接受了推荐。十月，时任秋官（刑部）侍郎的张柬之登上相位，年已八十。两个月后，他就发动了政变。

姚崇的推荐，应该看做是狄仁杰推荐的继续。姚崇是与狄仁杰接近的人物，他本人就是被狄仁杰推荐上来的。他主动让出了兵权，增加了武则天对他的信任，推荐才得以成功。

张柬之被任命为宰相后即着手挑选领导政变的"干部"，所做的第一件大事，就是任命杨元琰为右羽林将军。任命之时，张柬之提醒杨元琰道："使君身当此任，并非无故。月夜江上之言当未忘怀，愿共勉力。"史书记载：高宗驾崩不久，诸王公遭幽禁之时，张柬之接替时任荆州长史的杨元琰，两人曾于黑夜之中泛舟于江心，因为船在江中，密谈不怕有人听见。谈到武后幽禁唐室王公，二人目眦欲裂。杨元琰慨然有匡复李唐之志。

到政变前夕，张柬之已经串联了桓彦范、敬晖、崔玄暐、袁恕己，形成了政变的领导核心。桓彦范任御史中丞，袁恕己任右台中丞、相王府司马，敬晖被用为中台右丞，加银青光禄大夫，崔玄暐是武则天欣赏并一手提拔起来的大臣，在长安四年被任命为宰相。

为了使政变顺利实现，张柬之将许多政变集团的中坚分子塞进禁军里。张柬之已任杨元琰为右羽林卫将军，宫廷卫士及京都卫戍兵力各有数队，步兵骑兵俱有。南卫专掌京城巡警，保持京城的安定，北卫专司保卫皇城。南北卫又分为若干部，由六个上将军统领，其中以左羽林卫大将军最为重要，被派往禁卫军中的人物除了杨元琰还有敬晖、桓彦范、李湛等。张柬之等所以能将大批党羽派往禁卫军，原因之一是他们在禁卫军内部找到了一个地位很高的同盟者，这就是左羽林卫大将军李多祚。没有李多祚的支持，张柬之要把这么多人塞进禁卫军中是不可能的。

李多祚是靺鞨族人，在禁卫军已有二十多年，是禁卫军中老资格的成员。张柬之和他密谈，首先挑动起他对先帝的哀思。

"将军今日之富贵，是谁赐予的？"

"是大帝。"他所说的大帝，指高宗李治。

张柬之趁机说："大帝的儿子已处于张易之兄弟的威胁之下，将军难道能袖手旁观，不起来报大帝的恩德吗？"

"我要报德！"被感动的李多祚，对天发誓，"我一切听你吩咐！"

然而，若要使政变取得成功，还必须取得太子李显、相王李旦的支持。李显是政变集团拥戴的人物，政变的目的，就是要将他推上皇帝宝座，使李唐皇室复辟。李显具有号召全局的政治地位，政变若想成功，就必须以李显的名义。敬晖承担了动员李显的任务，他寻找与太子接近的机会。当时李显在宫城的北门起居,桓彦范和敬晖谒见李显,密陈政变之计,李显答应了。负责疏通与李旦关系的是袁恕己,袁恕己也完成了使命。

一切准备妥当后,张柬之派人去请为官在外、任灵武道大总管的姚崇,姚崇自百里之外赶来京师。张柬之听说了姚崇的到来,喜道:"一切完备了。"

在李派忙于准备之时,武则天的势力日渐衰弱。长安四年(公元704年)底,武则天的身体状况严重恶化,长期深居洛阳宫的寝殿长生院里。从这年的最后几个月起,武则天卧病不起,有二张侍在寝侧。长久卧床,武则天信息渠道不畅通了,如同一只年老的老虎失去了嗅觉和视力,她已经不能有效掌握外朝的动静了,这给她的决策带来巨大的不便。

长安四年(公元704年)十二月,洛阳街头出现了许多榜文,没有署名,但内容都是相同的:说二张要谋反。谋反要有兵权,而张氏兄弟没有一个是掌兵权的。与二张接近的人,大都是些文士,也没有一个是掌兵权的。只是在张柬之大范围的人事调动之后,张易之等人产生了疑惧,才推荐武攸宜出任右羽林大将军。实际上,委任武攸宜以军职,也是由张柬之安排的,是稳住二张的一种策略。从另一方面看,张氏兄弟的能量也不可低估。没有掌握兵权的二张,却掌握着一种特殊权力,那就是武皇的宠信。二张可以被称为天子的近臣,是接近权力顶峰的人物。如果二张兄弟利用这种权力,为己图谋或打击政敌,那是很可怕的。比如,他们突然假传圣旨,罢免张柬之等人的职务,乃至废黜李显的储位,会令李唐派措手不及。李唐派不能容忍这种情况延续下去。宰相崔玄暐试图将张易之兄弟从武则天身边驱走。

武则天病稍愈，宰相崔玄暐对女皇说："皇太子、相王，都是有孝心的，都可以服侍陛下汤药。宫禁重地，请陛下千万不要让异姓的人出入。"武则天没有理睬。看来，说二张要谋反是张柬之他们放出来的烟雾，为制造政变寻找借口；而频繁调动禁军首领则更是政变的前兆，如果武则天敏锐的话，这种信号她是不会无所察觉的。这也许就是老年政治的悲哀吧。

看看张易之兄弟当时的精神状态，他们对末日的来临似乎是有预感的。杂史记载了这样一个故事：

张易之当初建了一所富丽堂皇的府第，晚上有鬼在墙上写："能得几时？"张易之令人把字迹削去。第二天字迹又出现了。就这样写了削，削了写，前后六七天。最后张易之在"鬼书"下也题字："一日即足。"从此再也没有"鬼书"了。

张易之的兄弟张昌仪曾对人说："丈夫当如此：今时千人推我不能倒，及其败也，万人擎我不能起！"这是一种什么样的心理状态？真是途穷末路，倒行逆施啊。这也反映了为什么二张得到武则天的真正信任，现在，他们看到了武则天的末路，也就是看到了自己的末路，但无力扭转。他们才是真正做到了与武则天"君臣同体"，一荣俱荣，一损俱损。他们只能任车子向深渊滑落，能做的就是最后的疯狂。

神龙元年（公元705年）正月，武则天的病加重了。从她的寝宫里不断传出令人忧心的消息，她的身边依然只有二张兄弟陪伴着。一场政变就在眼前了。

经过周密准备，张柬之等人在正月二十二日发动了政变。政变部队分作两支：一支是"北军"，即守卫皇宫的部队，有一千骑兵，五百步兵。他们的任务是要包围皇宫，进攻长生殿，迫使武则天让位。这支队伍由张柬之、桓彦范、敬晖、崔玄暐、杨元琰等率领。另一支是"南牙兵"，他们的任务，是当北军进攻宫廷之际，严密守卫首都各要害地点，包围张昌宗的家丁，控制其府第。名义上由相王李旦率领，实际上则是由袁恕已负责指挥。李多祚等人另有任务，被派去迎接李显，请他出面主持政变。

计划是周密的，各方面的人事关系都已疏通好了。但还有一个问题，就是如何才能通过玄武门这一关。由于玄武门是通往宫禁的主要门户，统治者常以精兵守之。不通过玄武门，政变就将失败。

现在，守卫玄武门的，是一支名唤"千骑"的精锐部队。千骑的前身是"百骑"，由唐太宗建立，他挑选了一批孔武有力，特别是箭法高强的人组成"百骑"，太宗出猎的时候，百骑就簇拥在他的鞍前马后。后来，武则天又将它扩展成为"千骑"。千骑的指挥官是殿中监田归道。田归道与武三思、二张的关系不错。但在政变这个重大问题上，他支持李派。

政变发动以后，敬晖等派人去见田归道，要求他交出千骑的指挥权，遭到田归道拒绝。田归道事先没有参与政变，他对张柬之等人的行动有所疑虑，必须要有权威人物出面，他的疑虑才会消释，这个权威人物就是李显。李显到了玄武门，田归道的疑虑消释了，打开了门。大群手持雪亮兵器的人奔向武则天起居的长生殿，惊恐万状的张易之兄弟俩被找了出来，斩于殿下。

政变的首领们进了长生殿，多年以来他们一直都是怀着敬畏的心情站在武则天面前，今天终于不同了。武则天听见嘈杂的声响，从床上坐起。她一点儿也没有失掉她的威仪。"谁造的乱子！"她习惯用这种权威的口吻说话。"张易之兄弟谋反，臣等奉太子之命，将他们处死。事先没有奏闻陛下，罪该万死。"众人答道，并把李显推到了前面。

武则天看见了儿子李显，大声斥道："也有你！赶快回去。他俩已死，你也该称心了。"李显素来害怕武则天，这时更答不上话来。桓彦范迈步上前道："臣斗胆冲犯陛下，太子不能回去。先帝以太子付与陛下，陛下早当将主位传与太子。今求陛下退位，太子登基。"

听到这些话，武则天非常镇静，把站在面前的一排官员逐一看了一看。她看到了李湛，李湛是李义府的儿子。李义府虽流死于远地，但在上元初年，武则天赦免了他的妻、子，让他们回洛阳。如意年间，还赠李义府扬州大都督的职位。死人虽然已不能受用，但李湛却沾了光。

"怎么，还有你李湛！你和你父亲曾受我厚恩。还有你，崔玄暐，我亲自提拔的你，我真想不到！"李湛答不上话。崔玄暐道："今天所为正是报答陛下之恩！"

武则天知道自己是无可挽回了，于是，她对于这次行动给予了高度的评价，并表示为了养病，她将放弃政权，政权由皇太子掌握。从法律上说，李显的帝位，便由这道制书的赐予。政变成功了，近半个世纪的武则天统治时代结束了。

神龙政变后，武则天被迫退居后宫。如果身体条件好一点儿，她肯定会利用时机，出面领导反政变的。但她身体实在不行了，她已经放弃了这方面的尝试。她现在所要做的一件事，便是给予谋划政变的张柬之等人狠狠的一击！但在近乎被软禁的情况下，她手中已无权，她的方式便是利用中宗代她去施行这一击。

政变后，武则天移居上阳宫，中宗去宫中拜见她时大吃一惊。原来，老年的武则天善自粉饰，即使子孙在身边，也察觉不到她的衰老。移居上阳宫后，不加粉饰，加之身心枯槁，结果面容憔悴得令中宗难以接受。武则天抓紧最后的时间，向儿子泣诉："我自房陵迎你回来，本来就是要把天下授给你，而五贼贪功，惊我至此！"中宗也悲泣不止，伏地拜谢死罪。借此之机，武三思等得入其谋。第二年，张柬之等五人被杀。

不过，张柬之等人的死武则天是看不到了。神龙元年冬，她驾崩于上阳宫仙居殿，终年82岁。她死前的遗嘱很简单，又意味深长。她说："去掉帝号，称则天大圣皇后，附葬在高宗的乾陵。陵墓上立一块碑，上面一个字也不要写，功过由后人去评说。王皇后、萧淑妃两家，以及褚遂良、韩瑗、柳奭等所有受牵累的人，都恢复其姓氏和官爵。"女皇当时的心境应是万籁空明，她所挂怀的不是当年缠斗的政敌，不是今朝嚣张的新贵，甚至不是刚刚死去的二张。

从起点奋斗到顶峰总是需要漫长的努力，可是反向的过程却来得总是非常突然，有时只在朝夕之间。隋炀帝、武则天、唐明皇，都不是昏庸无能的人，肩挑的都是盛世大国，可是，败亡都如山崩一样不可阻挡。他们的共性都是过分沉湎于安乐享受，丧失了政治家应有的敏感。美酒把猎狗的鼻子熏晕了，还怎么能闻到狼的气息？

武则天年高病重，李显在狄仁杰、张柬之等人的帮助下，逼武则天让位。武则天还李归唐，结束了自己的政治统治。

武则天的一生，是精于权变的一生。她从一个普通的才人，经过宫廷权变，当上皇后，继而成为辅理朝政的"二圣"之一，并被尊称为天后。羽翼丰满之后，她亲临朝政，并建立起自己的大周帝国。在她的政治生涯中，她把至高无上的权力当作自己的终极追求，为此费尽心机甚至于不择手段，她的眼光始终专注于唐王朝的兴衰，正如林语堂所说：武则天的期望堂皇而远大。她真正关怀的，唯一觉得有兴味的是大唐帝国。

作为中国历史上唯一的女皇帝，武则天一生在政坛上叱咤风云，她精于权变，以驭马的方法驾驭群臣，实现了半个世纪的有效统治。历经权变，归于空明，武则天的墓碑上无字无评，一切功过留与后人评说。